U0508015

江西财经大学财税与公共管理学院

财税文库

民国时期所得税制研究

曾耀辉

著

中国财经出版传媒集团

经济科学出版社

Economic Science Press

图书在版编目(CIP)数据

民国时期所得税制研究/曾耀辉著. —北京:经
济科学出版社,2019.9
ISBN 978 - 7 - 5218 - 1002 - 8

Ⅰ.①民… Ⅱ.①曾… Ⅲ.①所得税制—研究—中国
—民国 Ⅳ.①F812.96

中国版本图书馆 CIP 数据核字(2019)第 217468 号

责任编辑:顾瑞兰
责任校对:王苗苗
责任印制:邱 天

民国时期所得税制研究

曾耀辉 著

经济科学出版社出版、发行 新华书店经销
社址:北京市海淀区阜成路甲 28 号 邮编:100142
总编部电话:010-88191217 发行部电话:010-88191522
网址:www.esp.com.cn
电子邮件:esp@esp.com.cn
天猫网店:经济科学出版社旗舰店
网址:http://jjkxcbs.tmall.com
固安华明印业有限公司印装
710×1000 16 开 12.25 印张 200000 字
2019 年 10 月第 1 版 2019 年 10 月第 1 次印刷
ISBN 978 - 7 - 5218 - 1002 - 8 定价:65.00 元
(图书出现印装问题,本社负责调换。电话:010 - 88191510)
(版权所有 侵权必究 打击盗版 举报热线:010 - 88191661
QQ:2242791300 营销中心电话:010 - 88191537
电子邮箱:dbts@esp.com.cn)

总　序

习近平总书记在哲学社会科学工作座谈会上指出，一个国家的发展水平，既取决于自然科学发展水平，也取决于哲学社会科学发展水平。坚持和发展中国特色社会主义，需要不断在理论和实践上进行探索，用发展着的理论指导发展着的实践。在这个过程中，哲学社会科学具有不可替代的重要地位，哲学社会科学工作者具有不可替代的重要作用。

习近平新时代中国特色社会主义思想，为我国哲学社会科学的发展提供了理论指南。党的十九大宣告："经过长期努力，中国特色社会主义进入了新时代，这是我国发展新的历史方位。"中国特色社会主义进入新时代，意味着近代以来久经磨难的中华民族迎来了从站起来、富起来到强起来的伟大飞跃。新时代是中国特色社会主义承前启后、继往开来的时代，是全面建成小康社会、进而全面建设社会主义现代化强国的时代，是中国人民过上更加美好生活、实现共同富裕的时代。

江西财经大学历来重视哲学社会科学研究，尤其是在经济学和管理学领域投入了大量的研究力量，取得了丰硕的研究成果。财税与公共管理学院是江西财经大学办学历史较为悠久的学院，学院最早可追溯至江西省立商业学校（1923 年）财政信贷科，历经近百年的积淀和传承，现已形成应用经济和公共管理比翼齐飞的学科发展格局。教师是办学之基、学院之本。近年来，该学院科研成果丰硕，学科优势突显，已培育出一支创新能力强、学术水平高的教学科研队伍。正因为有了一支敬业勤业精业、求真求实求新的教师队伍，在教育与学术研究领域勤于耕耘、勇于探索，形成了一批高质量、经受得住历史检验的成果，学院的事业发展才有了强大的根基。

为增进学术交流，财税与公共管理学院推出面向应用经济学科的"财税文库"和面向公共管理学科的"尚公文库"，遴选了一批高质量成果收录进两大文库。本次出版的财政学、公共管理两类专著中，既有资深教授的成果，也有年轻骨干教师的新作；既有视野开阔的理论研究，也有对策精准的应用研究。这反映了学院强劲的创新能力，体现着教研队伍老中青的衔接与共进。

　　繁荣发展哲学社会科学，要激发哲学社会科学工作者的热情与智慧，推进学科体系、学术观点、科研方法创新。我相信，本次"财税文库"和"尚公文库"的出版，必将进一步推动财税与公共管理相关领域的学术交流和深入探讨，为我国应用经济、公共管理学科的发展作出积极贡献。展望未来，期待财税与公共管理学院教师，以更加昂扬的斗志，在实现中华民族伟大复兴的历史征程中，在实现"百年名校"江财梦的孜孜追求中，有更大的作为，为学校事业振兴做出新的更大贡献。

江西财经大学党委书记

2019 年 9 月

前　言

　　所得税是当今世界诸多发达国家开征的最重要税种之一，兼具负担公平、纳税普及、收入确实、富有弹性、征纳便利等优点，被公认为世之良税。中国所得税制肇始于清末民初，既是 20 世纪初西学东渐的移植成果，也是近代中国社会经济发展的制度抉择，自推行以所得税为主体的直接税以后，中国的税收制度才开始发生真正变革，逐渐走上现代税制的道路。

　　所得税是经济发展和税制变革达到一定历史阶段的产物，但其最初创立的导火索却是为了应付战争所需的大量财力缺口。所得税起源于工业化最早的英国，其后德、澳、俄、加、美等国基于战时需要也相继开征。由于所得税具有强大的生命力，推广越来越快，时至今日，所得税已成为绝大多数国家和地区的主体税种。

　　清末民初，中国开始筹议引进和尝试施行所得税，这与当时中国社会经济发展水平及税制演变状况密切相关。清朝末年，中国朝野已就引进所得税展开了热烈的理论探讨，为其移植中国做了大量的舆论准备。宣统二年（1910年），清政府度支部为改善税制结构，缓解财政压力，参照列强实行的所得税制，拟订了《所得税章程草案》三十条，交由资政院审议。虽然该草案议而未决，并随着辛亥革命爆发和清王朝覆灭也被搁置起来，但它为民国初年尝试施行所得税作了有益的制度铺垫。

　　1914 年 1 月，中华民国北京政府制定并颁布《所得税条例》，这是中国所得税正式立法的开端。随后各地尝试开征所得税，由于条例草创且缺乏实践操作性，在征收过程中遭遇到重重阻力，社会各界普遍反映所得税征课范围过广、征课手续过繁，商民不易接受，各地推行疲弱。1921 年，北京政府欲强力推行所得税，率先在北京开征官俸所得税，且多为官吏薪俸扣缴部分，但效果仍不明显。后来财政日益困难，官员薪俸难以保证，官俸所得税随即停征，所得税的推行也陷于停顿。

清末民初创办所得税的失败，既受制于当时民智未开、经济落后、社会动荡、政府乏力等环境因素，又受制于所得税法本身及其配套规则的缺陷，所得税制内容较为复杂，工商各业组织不健全，新式记账方式未能推广，已严重制约了所得税积极功能的发挥，抑制了民众对这种良税的热情认同。

南京国民政府成立后，致力于赋税制度改革，而重中之重便是推行所得税制。当时中国全面开征所得税的社会、政治、经济等各方面条件逐渐具备，而为应付国难时期财政困境的迫切需要，也使得所得税的开征有如箭在弦上。1936 年 7 月，国民政府明令公布《所得税暂行条例》，将应税所得分为营利事业所得、薪给报酬所得和证券存款利息所得三类，在政府明令施行所得税后，第二类中的公务人员薪给报酬所得及第三类中的公债及存款利息所得先于1936 年 10 月 1 日起征税，其余各项均于 1937 年 1 月 1 日起开征。由于《所得税暂行条例》及《所得税暂行条例施行细则》采用分类所得税制，征税范围较窄，税率较低，减免税项目较多，征管方法力求简便易行，国民政府财政部还采取了一系列配套措施，推行较为顺利并逐步显现成效。至此，中国从清末开始筹议和施行所得税经历了漫长的 30 余年时间，终于在全国各地开始实施，并取得了初步成效，这是中国税收史上的一个里程碑。

民国所得税经历了一个由简单到复杂、由分类所得税到逐渐施行综合所得税的发展过程。施行初期，只对营利事业、薪给报酬、证券存款三类所得征收。随着所得税制的深入推行与国内和国际形势的发展变化，所得税逐渐走上了法制化和征收范围"扩容"的进程。1943 年 1 月，国民政府明令颁布施行《财产租赁出卖所得税法》，正式开征财产租赁出卖所得税。同年 2 月，国民政府又颁布《所得税法》，调整税率，提高罚则，同时废止《所得税暂行条例》。1946 年 4 月，国民政府颁布施行修正的《所得税法》，对原《所得税法》做了较大改动，将分类所得税分为营利事业所得税、薪给报酬所得税、证券存款所得税、财产租赁所得税和一时所得税五类，并开征综合所得税。此外，1938 年 10 月，国民政府公布施行《非常时期过分利得税条例》，开征过分利得税；1947年1月，颁布实施《特种过分利得税法》，将非常时期过分利得税改为特种过分利得税，虽然名称为"利得税"，其实就是所得税。

南京国民政府所得税从1936年10月正式明令施行，到1949年废止，历时13年。从颁行《所得税暂行条例》正式施行所得税开始，其立法过程经历了由颁布所得税法规到正式立法，再根据时势发展不断修正和调整《所得税法》的过程。在这个过程中，所得税由一个新开征的税种，逐渐发展成为国税的重要组成部分，多数时候收入呈上升趋势，所得税征收范围逐渐扩大，施行区域普及全国各地。民国所得税制的建立无疑是中国税制史上划时代的一场革命，随着所得税在施行过程中的充实和改进，为中国现代所得税制的不断发展打下了坚实基础。

民国后期，由于内战全面爆发，工商业受到沉重打击，国统区地盘加速缩小，税源萎缩愈加严重。而国民政府更不惜抛开所得税法理基础，肆意践踏税制原则，采取估缴、摊派、强征等苛征和勒索办法，将抗战时期发展和不断改进充实的所得税这个良税，办成了民众怨声载道的恶税，抗征拒缴愈演愈烈，最终导致所得税名存实亡。民国后期所得税的运行轨迹，是时代演变的缩影，后期在一定程度上激化了社会矛盾，助推了社会变革。

民国政府不遗余力地推行所得税制并取得初步成功，不仅标志着中国传统税制开始向现代税制艰难转型，而且预示着所得税扎根于中国的未来命运。从民国时期诸多所得税诉讼案件来看，当时所得税在执行过程中仍然存在缺陷，导致民国所得税制推行经历曲折过程，为后世留下了宝贵的经验借鉴，即推行所得税制必须遵循以下基本原则：顺应时势潮流，吸取别国长处；高层充分重视，各方持续推动；实施先易后难，布局稳步推进；征管措施得力，配套措施适用；保护纳税人权益，注重税收公平。民国初期推行所得税失败，也给后人留下了深刻的历史教训，使我们认识到要成功推行所得税，必须加快经济发展，保持政治稳定和政令畅通，不断提高国民素质，加强税法宣传教育，采取相应的配套措施。而南京国民政府推行所得税由初步成功走向全面崩溃，也不乏深刻的警示意义：推行时间仓促，制度修改频繁，纳税人不易遵守；各级政府和税务机构内部思想不统一，区域间推行不平衡；重复征税，公私有别，显失公平；为搜刮民财而苛征滥派，最终自毁所得税的良法美意。

所得税已成为我国当代主体税种之一,从国际、国内税收制度的发展和变迁来看,中国未来税收制度中所得税将会占据主导地位。要使所得税更快成为国家财政收入最主要的来源,并更好地发挥其职能作用,就必须对包括民国所得税制在内的中外所得税制进行全面深入的研究,不断吸取经验教训,完善现行所得税制。民国所得税的成功推行是中国征收所得税的开端,现行所得税制的内容与民国所得税制有不少类似之处,如征收范围、申报方式、征课手段等就具有内在的传承性。民国时期推行所得税的成功经验与失败教训,对当代不断改进和完善现行所得税制,蕴涵深刻的历史启示:坚持改革发展理念,不断改进和完善当代所得税制;致力公平负担,扶植弱势群体;避免重复征税与虚盈实税;推进信息管税,提高征管水平;深化税务机关内部改革,激发队伍活力。在新的历史时期,充分发挥所得税的各项职能作用,不断促进经济发展和社会和谐。

曾耀辉

2019 年 9 月

目　录

第 1 章

绪　论

1.1　选题意义

　　当今世界，包括主要发达国家在内的许多国家最重要的税制之一即是所得税制。所得税也已成为我国当代主体税种之一，从国际、国内税收制度的发展和变迁来看，所得税制在中国未来税收制度中将会占据主导地位。要促进所得税更快成为国家财政最主要的来源，并充分发挥其职能作用，就必须对中外所得税制进行深入研究，不断吸取经验教训，完善现行所得税制。中国推行所得税的发端在民国时期，因此，研究民国所得税制无疑是一项意义重大的学术课题。

　　中国税收制度的历史源远流长，而自先秦至清末，基本上是采用以间接税为主体的税收制度，税负不公的现象十分明显，特别是经济负担能力低者税负反比富人更重。而且，近代随着自给自足的小农经济逐渐向商品经济过渡，原有的旧税制越来越不适应经济社会的发展。民国时期推行以所得税为主体的直接税以后，中国的税收制度才开始发生真正变革，逐渐走上了现代税制的道路。民国财税专家胡毓杰认为："就学理而论，赋税之最高原则有三，一曰公平，二曰普遍，三曰无病民生。此为学者论赋税之标准，同时亦理财家之金科玉律。"[①] 所得税作为以人们的所得为课税源泉的直接税，在课税理论上能够兼具负担公平、纳税普及、收入确实、富有弹性、纳税便利等原则，而被公认

――――――――――

　　① 胡毓杰：《我国创办所得税之理论与实施》，经济书局 1937 年版，第 1 页。

为是一种良税。

现代意义上的所得税，其开征最早始于 1798 年的英国，由于其合于非常时期财政的需要，且在学理上为最佳税制，为其他赋税所不及，因此施行时间不长即风行世界，逐渐发展成为欧美、日本等国的主体税种，所得税收入占国家财政收入的大宗。中国所得税早在清末即已开始筹议，民国初年尝试施行，几经周折却仍无起色，直至 1936 年南京国民政府正式施行，才渐成规模。所得税制的建立无疑是中国税制史上划时代的一场革命，随着民国所得税在施行过程中的充实和改进，为中国现代所得税制的不断发展打下了扎实基础。研究中国税收制度的变革和现代税制的演进，必然要研究所得税制，特别是民国时期的所得税制。

南京国民政府于 1936 年颁布《所得税暂行条例》并正式开征所得税后，虽然在推行之初其收入占国家财政收入的比重不高，但随着稳步推进，所得税发展较为迅速，很快成为民国财政收入的重要组成部分，一定程度上缓解了政府财政危机，为抗日战争的胜利提供了重要的财力支持。作为现代税制的代表，所得税开征标志着中国税制已从传统农业税制开始向现代工商税制逐渐转型。民国所得税制有许多值得吸取的经验和教训，如民国后期分类综合所得税制的不少做法，有些地方甚至比当代所得税制还要超前。因此，要使我国当代所得税制更加公平，更好地发挥职能作用，就必须对包括民国所得税制在内的中外所得税制进行全面系统的比较分析，吸取一切积极成果以服务于我国当代税制改革，经过不断地充实改进，革除现行所得税制中存在的弊端，完善所得税法律体系，培育良好的税收征纳基础，营造良好的税收环境，从而确立更加高效公平的所得税制。

1.2　研究现状

本书拟在全面梳理和分析国内外有关民国所得税制研究成果的基础上，对民国时期所得税制进行系统研究，力图结合当时社会经济背景、立法舆论检讨、税收统计数据和征纳纠纷个案，追溯中国所得税筹办和正式施行过程，深入分析民国所得税的立法历程、实施情况与实施过程中存在的问题及其调整解决情况，并对其实施效果、实施经验与教训予以中肯的分析评价，考量其对改进和完善新时期所得税制的有益启示。

所得税最早起源于英国，随后逐渐遍行主要发达国家，而且成为许多国家税收制度的主体税种。中国传统农业税制多以间接税为主，其缺点非常明显：不以负担能力为课税标准，穷人和富人都要承担相同的税负，且因富人更有势力逃避税收，往往税负还更轻，因税负转嫁也常使贫民税负比富人更重，且不管利润多寡都要承担相同的税负，等等，致使税制很不公平。因此，引进和推行税负较为公平的所得税，是中国税制史上的一次重大变革，自清末民初以来即成为社会各界关注的热点问题，有不少相关研究著作和文献问世。国内对民国时期所得税的研究成果，首先集中在专门的所得税、直接税及其他税收制度研究论著当中；其次在不少经济史（尤其财税史）论著及相关论文中也有涉及，为准确评价所得税的历史与实践提供了丰富的前期成果；另外，大量的民国所得税法律法规及开征所得税所引发的诉讼案卷等文献资料，也成为研究民国所得税制非常难得的原始资料。

从新中国成立后到改革开放前，由于税收的作用和地位被弱化，所得税的主要对象——国有企业更是由缴纳所得税改为上缴利润，有关所得税特别是民国所得税研究的成果较少。改革开放以后，特别是当代中国，随着经济快速发展和新税制的实施与不断改进，所得税已成为当代税制的重要组成部分，对所得税的研究也越来越热，探讨现代所得税的文献也渐成海量，但专门研究民国所得税的学术成果仍不多见。

国外研究所得税的文献很多，然而，专门研究民国时期所得税制的论著儿乎没有。但国外不少研究税制历史尤其是所得税制史的著作和论文，对笔者研究民国所得税制具有重要的参考价值，如英国圣道尔（St. Dowell）关于英国税制史的著作，斯伯丁（H. B. Spauding）关于英美两国所得税的比较研究，美国蒙哥马利（R. M. Montgomery）关于所得税发展进程的研究。这些研究成果介绍了英国、美国等发达国家所得税演变历史和制度架构，而中国所得税的启蒙和引进源头主要来自当时的西方发达国家和东方的日本。民国时期翻译出版的外国所得税论著对普及所得税知识，推动所得税的施行起到了重要作用，对本书的研究写作具有更直接的参考意义。

另外，国外还出版和发表了一批较高水平的研究民国财政问题的论著和文章，这些文献或多或少涉及民国所得税，如甘布尔·西尼（Gamble Sidney）的《新庄：对一个中国村庄财政的研究》（《哈佛亚洲研究杂志》，1944 年第 8 卷第 1 期），阿瑟恩·杨格（Young Arthur）的《1927～1937 年中国财政经济情况》（1970 年出版，该书 1981 年由中国社会科学出版社出版中文版），孔飞力（Philip Alden Kuhn）的《民国时期中国的地方税收与财政》（《远东研究文献》，1979 年第 3 期，芝加哥大学），杜赞奇（Duara Prasenjit）的《国家政权内卷化：对华北地方财政之研究，1911～1935》（《社会与历史文化比较研究》，1987 年第 29 卷第 1 期），等等。这些国外关于民国财政的研究成果虽然有一定的参考价值，但就民国所得税研究来说影响有限。

笔者检索民国以来国内外专家研讨所得税制的主要成果，深切感受到先辈研究范围之广泛，分析论证之细致，令人敬佩，许多观点、方法成为笔者写作的重点和分析工具，是笔者完成本书写作的理论基础。具体来说，先辈的前期研究成果主要集中在以下几个方面。

1.2.1　关于民国所得税制产生与发展背景的研究

引进和推行所得税，必然要对所得税的起源和在国外发展状况进行了解和研究，还要对本国的社会经济状况与税制背景进行比较分析。如陈英兢（1933）、金国宝（1935）、吴兆莘（1937）、孔祥熙（1936）、高秉坊（1943）、朱偰（1947）、杨昭智（1947）、金鑫、夏琛舸、宋梅篱（2003）、孙翊刚（2007）、饶立新（2008）、胡松（2009）、宋凤轩（2009）、胡芳（2010）等在这方面开展了有益探索，取得了较为深刻的研究成果。

在研究所得税的起源与发展方面，宋梅篱认为，1798 年，英国在对法战争中开征的"三部课征税"是现代所得税法的起源。该税是英国为了筹措军费创设的一个临时性税种，当时规定把所得划分为四类，由纳税人自行申报纳税，1802 年战争结束即被废止。之后屡兴屡废，一直到 1874 年所得税才被正式确立为一个永久性的法定税种。[1] 而 20 世纪 30 年代民国国民政府财政部所

---

[1]　宋梅篱：《财税法学》，湖南大学出版社 2003 年版，第 177 页。

得税事务研究室主任朱偰也认为，英国是最早开征所得税的国家，但最早所得税的名称为"三部联合税"。① 从"三部课征税"和"三部联合税"的内容与开征时间来看，实为同一税种，英文原文为"Triple Assessment"，只是翻译名称不同，译成"三部联合税"或"三重评估税"应更恰当一些。

对于所得税制的发展趋势，汐见三郎在分析了英、美、德、法、意、俄、日各国所得税制的历史和现状之后，认为随着经济的繁荣和各国的现实需要，所得税逐渐成为各主要发达国家最重要的税种。② 陈英鲽则指出，所得税自英国在 1798 年采用以来，世界比较发达的国家大都采行所得税制，已证明其有应付紧急财政之效，因为其税率能自由伸缩，增加税收而不增加费用。欧战中，所得税在英美之功效更著。法国援用较晚，故国内无数问题，均由此发生。德国联邦政府，引用此税尤迟。澳邦于各邦所得税上，复加联邦所得税。美国除联邦所得税外，各邦亦先后采用。英属各殖民地政府，也先后采行。其他各国，闻风争效。所得税在各国财政系统的地位，有如旭日东升。这其中以英国所得税法最为完备，但国情所异，各国推行所得税办法互殊，取舍从违，漫无定制，主要原因是调查所得之不易，税务行政上也各有困难，阻挠其推进的速度不少，在许多方面都有待改进。③ 被称为中国所得税创办人的高秉坊用实录的方式对所得税的渊源及其演进、主要各国所得税缔造的艰难、中国所得税的倡议与实现过程进行介绍后，认为所得税的推行既艰难，又是大势所趋。④ 上述观点都指明了所得税制的光明前景，但偏重于较发达国家所得税制的研究和趋势，对经济发展水平不高的国家所得税制的状况及其发展趋势分析研究不够，而当时民国在世界上处于不发达国家的地位，这些研究对其建立所得税制度既有重要的参考价值，又由于经济社会基础的差异而难以照搬照套。

在中国所得税制的分期上，朱偰将中国施行所得税分成酝酿时期和正式施行时期，即从清末的施行所得税之议到民国二十四年（1935 年）为酝酿时期，民国二十五年（1936 年）后为正式施行时期。⑤ 杨昭智则把中国所得税沿革分

① 朱偰：《所得税发达史》，正中书局 1947 年版，第 41 页。
② ［日］汐见三郎：《各国所得税制度论》，宁柏青译，商务印书馆 1936 年版。
③ 陈英鲽：《所得税之理论与实际》，四川长寿新市镇澄园 1933 年版。
④ 高秉坊：《中国直接税史实》，财政部直接税处经济研究室 1943 年版。
⑤ 朱偰：《所得税发达史》，正中书局 1947 年版。

为施行所得税初期（清末至 1927 年）、为裁厘抵补而施行所得税时期（1927 ~ 1935 年）和为改革税制而施行所得税时期（1936 年以后）。① 以上两种分期应该说都有一定缺陷，因为朱偰所说的施行时期事实上也开征过所得税，只是收税很少；而杨昭智所说为裁厘抵补而施行所得税时期及为改革税制而施行所得税时期有以偏概全之嫌，因为所得税施行的首要动因是财政增收的需要。将所得税分为酝酿与试行时期（清末至 1935 年）和正式施行时期，应较为合适。

在分析研究所得税产生和发展的基础方面，夏琛䌽认为，所得税诞生与发展于较高的生产力水平和有一定经济实力及数量规模的纳税群体基础上。生产力水平高的国家，其所得税的开征往往要早于生产力水平低的国家。经济发展水平高的国家，其所得税发展比较完备，多采用综合税制；经济发展水平低的国家，其所得税通常比较简单，多采用分类税制或混合税制；最贫困国家基本都没有开征所得税。近代资本主义大机器生产的出现改变了传统的社会分工和生产方式，生产力水平随之有了质的飞跃。资本主义生产方式在西方国家中普及，新兴的资产阶级取得了统治权。此时，工人阶级占人口相当比重，经理阶层与股东阶层也已经分离，形成了有较高收入能力的群体，他们和大量管理人员的收入已经与工人阶级出现差别。股东、债主等食利阶层的人数也大为增加。公司逐渐被视为独立法人。这些都使得所得税有了相当稳定的税源，因此得以在西方主要国家普及。② 胡松则认为，即使是在经济不发达的中国南京国民政府时期，所得税仍然能够推行并在国民政府税收收入中占据重要地位。③由此可知，所得税的开设和推行，经济发展水平固然是一个很重要的因素，推行的决心、措施等也十分重要。

关于所得税产生和发展的原因，宋凤轩、谷彦芳指出，任何事物的产生都要具备必要性和可能性两个条件，所得税的产生也有其财政背景和经济背景。所谓财政背景，是指由于国家战争而急需大量财政资金，在发行债务尚不能弥补财政开支的情况下，需要开征新的税种，这是所得税产生的直接原因。所谓经济背景，是指生产力水平发展到一定程度，有足够闲置资本可供政府参与分

---

① 杨昭智：《中国所得税》，商务印书馆 1947 年版。
② 夏琛䌽：《所得税的历史分析和比较研究》，东北财经大学出版社 2003 年版。
③ 胡松：《南京国民政府时期所得税研究》，华中师范大学硕士学位论文，2009 年。

配，从而使所得税从战时临时税发展成为经常性税种，这是所得税产生的经济条件。对所得课税最早产生和发展于 18 世纪末期的英国，正是因为其战争需要和工业革命的不断进展。所得税在英国产生后，世界上很多国家为了筹措财政资金，纷纷开征了所得税，并通过多次改革，最终确立了所得税的地位。所得税自产生开始，就存在跨国征收的潜在因素。当生产要素能够超越国界自由流动时，跨国所得就会产生，所得税的跨国征收就会出现。所得税在世界范围内的普遍开征和在发达国家的主体地位确立后，伴随着经济国际化的趋势，国与国之间相互依存、相互影响程度日益加深，资本、技术的流动不断加强，跨国所得成为一种普遍化和经常化的现象。在所得税制度发展初期，由于各国所得税发展历史不同，所得税所依存的经济社会环境有别，使所得税在不同国家存在较大的差异，如在所得税模式上有的采取综合所得税制，有的采用分类所得税制，还有的采用分类综合相结合的混合所得税制。但是，二战后，随着世界经济相互交融、相互影响日益扩大，各国所得税制度也相互影响、相互联系，尤其是发达市场经济国家的所得税制，由于建立时间早，税收制度比较成熟，普遍被世界各国所借鉴，逐渐形成了符合国际惯例的所得税制度。[①] 刘剑、张筱峰认为，进入 20 世纪，西方国家普遍出现严重的经济危机，经济膨胀和经济萧条频繁交替。为了保障经济的平稳发展，需要运用所得税的"内在稳定"功能。第一次世界大战爆发后，西方发达资本主义国家的税制结构发生了实质性的变化。这段时期内，暂停开征所得税的国家重新确立开征，很多国家先后引进所得税，并对所得税征收制度进行了改革，把原来的分类所得税制改为以综合所得税制为主、分类所得税制为辅的新的税收制度，把原来未列入所得税征收范围的一些收入项目，如资本转移收入、利息收入等临时性和一次性的收入都列入所得税的征收范围，大大扩展了所得税的税基。[②] 应该看到，所得税产生和发展的原因不只是上述学者总结的，包括经济发展、政治军事需求、社会进步、财税改革、学习别国经验等，是综合因素作用和推动的产物。

---

① 宋凤轩、谷彦芳：《所得税国际化与中国所得税改革研究》，河北大学出版社 2009 年版。

② 刘剑、张筱峰：《西方发达国家个人所得税改革的趋势及其对我国的启示》，《财经论丛》，2002 年第 6 期。

在所得税的推行成败影响因素分析上，有关民国所得税文献对此进行较深入研究的不多。饶立新、曾耀辉认为，时局动荡是民国初年引进所得税失败的主因。① 崔敬伯则指出，民众和社会惰性阻碍了新税推行：在"租税经济"下，民众普遍认为课征新税对于政府是一种收入，对于个人则是一种牺牲，既是一种牺牲，人们只有躲着它，谁还欢迎它。② 而杜岩双认为，民国期间引进所得税，外国专家的意见也产生了重要影响，致使所得税延缓开征。1929 年，国民政府财政部将 1914 年的《所得税条例》重新修正公布。但该条例遭到财政部聘请的以美国财政金融专家甘末尔为首组成的设计委员会的反对。这个委员会在 1929 年 9 月 4 日提出的所得税说帖中说："中国现在不可采取一般的所得税（即综合所得税），其后就特殊或部分所得税（即分类所得税）为进一步之研究，亦不能证明此种有限制之所得税，适于采用。本委员会之见解，一部分基于所得税之性质，一部分基于中国私人账目之现状，而主要部分，则以行政性质为根据。俟他国视为适于所得税之条件，亦已见于中国，则中国当然可以采行所得税，不过初时仍须为局部的及试验的而已。"由于这个以外国专家为主的设计委员会的反对，致使中国正式施行所得税推迟了数年。③ 杨昭智在谈到中国北洋政府实行所得税失败的原因时，指出中国所得税创议时期之所以失败，其经济原因是因为经济组织落后、工业不发达、会计制度不健全；政治原因是政局不安、政治设施不完备、外人掣肘、特殊势力阻挠、地方与中央不能合作；社会原因是民众智识低下及错误观念、厌恶赋税的心理、社会惰性的存在。对民国国民政府正式施行所得税能够成功的原因，则一笔带过，即"过去之种种阻力，现在逐渐减少，昔若干困难今日不复存在"。④ 金鑫等对民国北洋政府倡办所得税和国民政府正式施行所得税的历史背景，从经济与政局的角度扼要进行了分析。⑤ 总的来说，这些分析研究有不少合理之处，但从多角度全方位对民国所得税成败的影响因素分析不够。

① 饶立新、曾耀辉：《清末民初引进西洋税制的尝试》，《涉外税务》，2008 年第 8 期。
② 崔敬伯：《推行所得税的人事问题》，国立北平研究院经济研究会 1937 年版，第 3 页。
③ 杜岩双：《中国所得税纲要》，京华印书馆 1944 年版，第 35 - 40 页。
④ 杨昭智：《中国所得税》，商务印书馆 1947 年版。
⑤ 金鑫等：《中华民国工商税收史》直接税卷，中国财政经济出版社 1996 年版。

1.2.2 关于民国筹议与施行所得税情形的研究

理论的意义在于指导实践。研究和探讨所得税制的演进历史，旨在完善所得税制。因此，对民国所得税筹议与实施情况的实证分析，是专家学者热议的焦点，亦是政要们关注的重点。在这方面的历史文献和论述观点较多，作者既有政坛著名人物，也有知名经济学家，还有为报刊撰写时评的记者、作家等。

要顺利推行所得税，所得税理论传播与各界宣传十分重要。崔敬伯从"所得税与社会生活""所得税与应能负担""所得税与外侨""所得税与租界"几方面进行研究，宣传中国当时实行所得税制的"合理"，对于纳税人是"最小的牺牲"，阐明实行所得税的优点，指出所得税这个"新的轮子"转起来，旧的不良税制才会废除。民众既然纳了现代化的租税，就能够要求政府发展现代化的支出，而且将一切不合乎现代化的税制与开销尽量消除。[①] 而相关政要则利用演讲、训示等，对施行和深入推行所得税的必要性和工作要求进行强调，如林森的《林主席在国民政府纪念周对于所得税之演讲词》（1936）、孔祥熙的《孔部长在中央党部纪念周对于所得税之演讲词》（1936）、《所得税的特点及政府筹办的情形》（1936）、《对财政部财务人员训练所两次训词》（1938）、《对党政训练班讲词》（1939）、《战时的财政与金融》（1939 年）、《抗战四年来之财政与金融》（1941）等。应该说，各方不遗余力地宣传，对民国所得税的顺利推行起到了较好的推动作用，这也是可供当代税收工作借鉴的方面。

所得税制在施行之初应便于推行是许多学者的共识。民国立法院所得税起草委员会召集人刘振东等认为，所得税开征初期应尽量简便易行，因为"今中国为应国家之急需，求民族之生存，骤然行之，自难期其尽美尽善于一朝一夕，故今日之法，吾人不敢徒唱高调，在纳税范围方面，竭力求其缩小，在税率方面，竭力求其低微，在制度本身，竭力求其简单易行，以期利于国而不扰民，此种苦心微易，可以告于国人。"[②] 胡毓杰指出，制度故不妨取法他国成规，而本国之现状，则为吸收外制的根据。制度之取舍，应以其合于国情与否

---

① 崔敬伯：《推行所得税的人事问题》，国立北平研究院经济研究会 1937 年版。

② 刘振东、王启华：《中国所得税问题》，中央政治学校研究部 1941 年版，第 410 页。

为标准，而不是看其理论优越，就盲从外制。赋税改革，必求起而能行，切于实际为必要条件，高调既不宜于实行，所得税之立法，尤不能好高骛远。这就是我国所得税暂行条例之所以不求于适合至高无上的理论，而以实行无阻为前提。[①] 吴广治认为，民国所得税在推行过程中采取了如下政策：一是所得税定为中央税，依照财政收支系统法的规定分配税收；二是所得税先就三类所得征收，即营利事业所得、薪给报酬所得、证券存款所得；三是采用累进税率；四是采用申报调查审查并用的征税方法；五是规定免税额及免税项目；六是依赖原有公务员所得捐为收入的文化教育各种费用，改由国库开支。[②] 李彬指出，民国时期的中国处于由自然经济向商品经济转变过程中，资本主义生产方式还在萌芽阶段，发展缓慢，人事组织及调查统计还未建立健全。国民政府推行所得税时，注意到了该现实状态，尽力制定一种切合实际又简易可行的所得税制度。以期先养成民众的纳税习惯，然后再求改革，循序渐进，以臻完备。当时为推行所得税，对民众进行了应有的宣传和告知商家注意事项，要求各厂商亟应早为准备，以免临时仓促。各厂商应即准备改良不完备簿记，设立正确之簿记；迅速估定资本数额呈请注册或呈请变更注册。[③] 所得税制在施行之初尽量设计得简便易行，循序渐进，的确有利于推行。但同时也应考虑到所得税的征税原则是以纳税人的负担能力为标准，太过简化而有违征税原则也是不可取的。

在研究民国所得税的具体实施方面，胡毓杰在国民政府施行所得税的原则、征收机关组织、税务人员训练、征收制度革新、会计制度厘定等方面作了较有见地的论述，成为当时所得税实行的重要指导。他对所得税征管机构的设置进行了考证：1936 年，财政部在部内设置中央直接税筹备处，不遗余力地积极筹备。当年 10 月 1 日，公务员薪给报酬所得首先开征，筹备处改组为所得税事务处，处理一切征收事项。[④] 有的学者认为，民国时期所得税制推行的结果是所得税成为国税的重要组成部分，由最初的三类所得扩充为五类所得，

---

① 胡毓杰：《我国创办所得税之理论与实施》，经济书局 1937 年初版。
② 吴广治：《所得税》，中华书局 1936 年版。
③ 李彬：《所得税纳税便览》，中华书局 1937 年版。
④ 胡毓杰：《我国创办所得税之理论与实施》，财政建设学会 1937 年版。

由分类所得税到试行综合所得税，由后方少数地区施行普遍到全国省市。所得税能达到这样的境地，可以说是战争帮助了它。① 许善达对所得税管理体制进行了研究，认为中国的所得税于 1936 年开征后，由财政部内设的所得税处主管，下设苏皖、鲁豫、浙赣、广东、湖北、湖南、川康、滇黔、陕甘宁及福建 10 个所得税办事处，分别实施稽征管理。抗战胜利后，财政部设直接税署统一管理所得税、遗产税，同时兼管印花税。各省相应设区直接税局，隶属直接税署。1948 年 7 月，行政院规定货物税、直接税机构合并，财政部货物税团和直接税署也相应合并为国税署。② 孙文学等探讨了以所得税为主体的直接税体系对经济社会的影响，并对抗战时期所得税管理机构的变化作了较为详细的考证。对抗战中后期所得税等税收负担过高的情况，孙文学等指出，由于物价飞涨，工商企业出现账面虚盈现象而必须缴纳巨额的过分利得税。③ 这些论述在相应的方面较有见地，但对民国所得税制的实施系统研究不够。

1.2.3 关于民国所得税立法状况的研究

所得税的立法是推行所得税制的基础和保障。在对民国所得税法律法规进行系统梳理和全面注解方面，一直是前人研究所得税制演变的重点所在。如郭卫对 1936 年 7 月 21 日颁布的《所得税暂行条例》分章逐条对一些疑难问题做了较为详尽的解释。④ 而辛景文则除了对条例进行解释外，并对立法意旨作了阐明，而且还通过举例说明的方式告知读者各项所得应征税额的算法，使读者一目了然，对各层次了解所得税暂行条例都有较高的参考价值。⑤

潘序伦、李文杰阐述了赋税及所得税原理，英、美、法、意、日、德、苏各国的所得税制度，我国所得税法制的历史、现制、会计等问题，对所得税暂行条例颁布后的所得税实际操作以及实际当中碰到的问题进行了详尽叙述。⑥ 李彬对民国所得税法规和细则等进行了评价，还收集了各界对开征所得税的反

---

① 佚名：《改进所得税制度拟议》，财政部直接税署《直接税通讯》，1948 年第 22 期。

② 许善达：《中国税权研究》，中国税务出版社 2003 年版。

③ 孙文学、齐海鹏、于印辉、杨莹莹：《中国财政史》，东北财经大学出版社 2008 年版。

④ 郭卫：《所得税暂行条例释义》，会文堂新记书局 1936 年版。

⑤ 辛景文：《所得税暂行条例释义》，辛景文会计事务所 1937 年版。

⑥ 潘序伦、李文杰：《所得税原理及实务》，商务印书馆 1937 年版。

应，如会计师协会对于所得税征收须知的意见、银行学会对于所得税研究结果之意见、中国现代会计之父潘序伦在上海针织业同业公会的演讲稿《开征所得税前各工商厂号应有之准备》，并提出所得税法规颁布后一般商人对于会计应有的认识。[①]

费文星是所得税法制方面的专家，其著作不仅在所得税的基本理论、征课范围、计算方法、报缴程序等方面叙述得通俗易懂，对涉及会计问题的解释尤详，读者一目了然；而且，善于总结所得税法颁布与修正后对财政及社会的积极和消极影响，并提出了改革所得税法制的见解。[②] 胡芳也主要从法制的角度入手，在分析研究近代西方所得税立法的发展历程和民国时期所得税法制发展过程及其背景等方面颇有心得。[③]

由于民国所得税制修订的次数较多，特别是民国后期变更尤为频繁，因国民政府迅速垮台等原因，民国学者中没有对那一时期所得税立法进行较为全面的分析研究，而解放后这方面的研究亦较为少见。

1.2.4 关于民国所得税制存在问题及改进的研究

民国所得税制正式推行以后，虽然取得了不少成功，但在推行过程中也遭遇了不小的阻力，出现了许多意想不到的现实难题，成为社会各界关注的重点。不少专家学者对所得税制推行中存在的弊端进行了较为尖锐的批评，提出了许多改进完善的建议。

潘序伦、李文杰提出了《对于我国所得税制度之意见》，从所得税范围及分类问题、所得税减免问题、所得税税率问题、所得税计算问题、所得税报告问题等方面提出了改进的意见和建议。[④] 杨骥则专门出版了一部探讨改进所得税的著作，首先阐明了改进所得税的两个先决条件，即"改良会计制度"和"革新税务行政"，可谓一语中的；然后作者揭示了现行所得税"税法紊乱""征课偏狭""税率失调""减免不公""逃税盛行"等诸多弊端，呼吁"现行

---

① 李彬：《所得税纳税便览》，中华书局 1937 年版。

② 费文星：《中国直接税概要》，世界书局 1947 年版。

③ 胡芳：《民国时期所得税法制研究》，江西财经大学硕士学位论文，2010 年。

④ 潘序伦、李文杰：《所得税原理及实务》，商务印书馆 1937 年版。

所得税法应该修改了"，并提出改进办法：改良会计制度，革新税务行政，调整税法，推广征收，整饬税率，纠正减免，防止逃税。[①] 张保福对中国所得税的一般问题进行了分析和评价，如对现行所得税法进行检讨，对征课农业所得税、中英美新约成立后外商课税、战时所得税征课上的特殊规定、新颁税法的实施等问题发表了比较独到的意见，并对所得税及利得税简化征收办法的优缺点进行了详细评价，认为简化征收办法不仅不合所得税"普及""公平"原则，且与所得税的根本精神相违背。[②]

王启华主张所得税尽量采用源泉课税制，所得税免税点不宜过低，要严定罚则。[③] 刘支藩则认为，税率分级不宜过多，分类所得税与综合所得税并行时，前者应采比例税制，后者应采累进税制。他认为 1946 年所得税法规定分类所得税税率过高、分级过多。各国分类所得税一般采比例税率，无分级规定，最多亦不过分二三级，以符征收便利之旨，而中国分类、综合二税均分级多至十余级，税率分级过密，在施行时必致手续繁复，征课困难，这是自寻不必要的烦琐，而自陷于难以推行之境。[④] 李燕就抗战爆发后学术界对所得税的批评进行了归纳，指出当时不少专家学者认为所得税过分考虑了推行上的方便，牺牲了税制的公平原则。大家比较认同的改进意见是：所得税的征收范围应予扩大，税率不宜过高，税率分级不宜过多，所得税的宽免不能过滥，并应适时施行综合所得税。[⑤] 有的学者认为，民国中后期国内经济不但未臻稳定，物价激涨至使税法各项规定不免与实际距离愈远，执行上困难与日俱增。如不及时改革，则影响所至，不但税收难见起色，而税制精神亦不免每况愈下。如不就物价趋势随时调整，则税法即使年年修正，终赶不上物价上涨。[⑥] 还有学者认为，所得税适于战时者，未必即适于战后，且分类征收，未必符合能力负担原则。自日本投降后，自有统筹整理，及时改进之必要。[⑦]

---

① 杨骥：《现行所得税改进论》，独立出版社 1939 年版。
② 张保福：《中国所得税论》，正中书局 1947 年版。
③ 王启华：《所得税逃税问题之研究》，《财政评论》，1941 年第 6 期。
④ 刘支藩：《论现行所得税制及其查征问题》，《财政评论》，1947 年第 2 期。
⑤ 李燕：《关于民国时期财政思想的研究》，湖南大学硕士学位论文，2008 年。
⑥ 佚名：《如何改进所得税》，财政部直接税署《直接税通讯》，1948 年第 21 期。
⑦ 佚名：《我国所得税法之史的演进》，财政部直接税署《直接税通讯》，1948 年第 30 期。

在民国所得税制存在问题的分析上，应该说不少专家学者是切中时弊的，提出的改进措施也较为可取。但新时期如何以民国所得税制成败得失为鉴，不断改进和完善当代所得税制，到目前为止成果仍然较少。

综上所述，与民国所得税有关的文献内容较为丰富，无疑为本书即将开展的民国时期所得税制研究提供了较好的铺垫和研究基础，具有重要参考价值。首先，这些探讨所得税制的前期研究成果为笔者研究中国所得税制之起源、发展及其完善提供了较为系统的参考文献资料，反映了不同阶段的立法主张和改革建议，是解读民国所得税制演进的重要素材。其次，以上这些前期研究成果，从不同视角剖析了民国时期所得税的内在结构及其演变方向，为所得税制自身发展提供了一个较为丰富的图景。最后，以上研究成果特别注重所得税制推行中的缺陷分析及其完善对策研究，赋予所得税制更加深刻的制度变迁的社会内涵。

然而，有关民国时期所得税制研究的文献资料和前期成果，不仅在讨论问题方面存在冷热不均的偏颇，而且检讨的深刻程度也不尽相同，不少地方仍然需要进一步深化和改进。这些不足之处主要体现在以下几个方面：一是研究角度有待拓宽。从研究角度来看，宏观研究方面不够，多就事论事，视野不够开阔。二是思维方式需要更新。从研究思维来看，多从静态来看待问题和分析问题，对内外部条件和环境的不断变化给所得税造成的影响深入研究不够。三是分析方法必须多元。从研究方法分析，用平面化、直观式的分析研究方法较多，一般现象的具体描述多，从所得税法律法规本身和征收管理方法角度进行分析的多，结合历史和时代背景而对所得税进行综合论述的很少，整体评价显得较为粗糙，深度和广度都有待于拓展，能够对当代所得税的改进和完善有启示作用的见地较少。总之，对民国所得税还需要不断深入研究，综合探寻。

本书在充分吸收前辈学者研究成果的基础上，以专题个案的形式，将民国时期所得税发展历史置于近现代中国社会经济发展大背景下加以系统分析研究。笔者试图从以下几个方面总结、提炼和超越前人的研究，寻求本书写作的新突破：第一，在综合梳理前人研究成果和立法文本的基础上，对民国所得税制进行全面系统的研究，密切结合各个时期社会政治经济背景，就民国所得税筹办、实施、改进细节及其演变轨迹，做详尽的探讨，力图反映民国所得税制演变的全貌。第二，注重所得税制推行的实践效果分析，重点对其运行过程及效果进行客观公正的分析，使本书的研究超越单纯的定性分析，而更加注重对实践效果的定量分析，体现出制度经济学分析方法在经济史研究中的优势地位。第三，注重研究的现实意义，通过从正反两个方面分析民国所得税的成败得失，揭示背后深层次的制度原因，以便更好地总结出对当代所得税的有益启示，促进我国深入推进税制改革，改进和完善所得税法律体系。第四，注重从所得税诉讼案卷来研究所得税制演进的实证分析，针对以往研究仅仅关注所得税法文本解读的偏颇，笔者将研究关注的重点部分转移到档案文献中保存的大量所得税纠纷案卷，以之解读所得税制在推行中的实际状况及其利弊得失，分析将更加准确全面。

1.3 研究思路、框架及方法

清末民初，源远流长的中国税收制度逐渐步入有史以来最为深刻的变革阶段，从以农业税为主体的传统税制向以工商税为主体的现代税制过渡。而所得税的筹议和推行是中国真正走上现代税制道路的标志。本书旨在对民国时期所得税进行系统研究，力图在充分吸取国内外民国所得税研究成果的基础上，从所得税的产生和发展历程着手，结合当时的社会经济背景，系统研究中国所得税筹办和正式施行过程，深入分析民国所得税的立法宗旨、实施过程与实施效果，及其推行中存在的问题及其解决对策，进而对民国所得税的整体情况、积极贡献和历史局限进行客观中肯的分析评价，并从中吸取深刻的经验教训，考量其对当代所得税的有益启示，为我国所得税制的不断改进和完善提供参考。

全书共分为 8 章。第 1 章阐明本书选题意义、研究现状、研究方法、创新与不足之处。第 2 章分析所得税产生和发展历程，中国所得税筹议与创办的背景与情形，筹议和创办失败的成因。第 3 章分析民国国民政府正式施行所得税的历程。第 4 章对民国所得税制的构成进行分析。第 5 章对民国所得税征收管理情况进行研究。第 6 章分析民国所得税制的调试与改进情况。第 7 章对民国后期所得税征收乱象进行分析。第 8 章对民国所得税制的成功之处和失败教训进行客观评价，探讨对完善现代所得税制的几点思考。

本书的基本框架如图 1 - 1 所示。

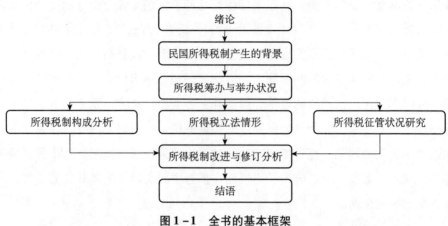

图 1 - 1　全书的基本框架

在研究方法上，首先，本书特别注重民国所得税制原始文献资料的搜集和整理，以文献研究方法为基础，力求充分挖掘实证历史资料和科学解读资料，尽量真实展示民国所得税史实和揭示内在的规律性。其次，运用交叉学科的研究方法，与历史学、财政学、经济学等学科相辅相成，结合其他学科的理论研究成果，深化和拓展对民国所得税的研究。再次，运用统计分析方法，结合各相关国家和我国民国时期的宏观、微观经济与财税数据，使用统计抽样、对比分析等方法，形成与所得税相关的有价值的数据，从而为得出正确结论提供有力佐证。最后，运用比较研究方法，对民国时期所得税制演进各个时期的背景、法律、政策、稽征方法、社会反响和效果等方面进行比较分析，研究民国所得税制的成败得失，探寻当代所得税发展的有益启示。

1.4　创新与不足

到目前为止，少有系统研究民国时期所得税制的专门著作，这对笔者从事此研究来说，既是挑战，也是研究的动力。本书在以下方面进行了创新。

首先，在充分占有研究资料方面，期待新的突破。从资料的搜集和运用来看，以往大多数研究存在材料单一、第一手原始资料缺乏的问题。民国所得税的施行作为影响经济和社会的重要举措，各阶层备受关注和深受影响。官方筹议与正式施行的过程与决策多体现于档案文献当中，专家学者的关注和见解大都在著述中得以反映，而社会和民间反响与呼声则往往见诸于时文报刊，所得税实施的状况与矛盾冲突则在司法案例中时有反映。本书不仅关注专家学者的著述成果，还力求搜集各个层面的档案资料，使研究更深入和直观。

其次，在论证分析方法上，追求立体多元的优势互补。从研究方法上看，以往对民国所得税制的分析研究呈现平面化的特点，从所得税法律法规本身和征收管理方法角度进行分析的多，结合历史和时代背景而对所得税进行综合论述的很少，多就所得税论所得税，方法较为简单。本书密切结合各个时期政治、经济、社会背景研究民国所得税的筹办、实施、改进与演变，力求对该问题作出比较全面的探究和把握。

最后，在立论观点上，追求客观公正和发展全面。从传统观点来看，一般认为，民国所得税的施行在税收领域是一件划时代业绩，对国家财政的改善和社会的发展起到了突出的正面作用。本书在肯定民国所得税推行积极作用的同时，理性分析推行所得税所依托的经济社会基础的不足之处，实施过程中的政策失误，实施所得税造成的负面影响，通过从正反两方面分析民国所得税制的成败得失，从而总结出对当代的有益启示。

本书的不足之处主要体现在以下两个方面。

一是研究对象演变过程复杂，分析论证内容和视角难免挂一漏万。民国时期所得税的施行和发展经历了一个曲折的过程，历经北京政府、国民政府、抗日战争时期和解放战争时期，经济社会背景、法律条文、实施状况的变化都较大，研究内容涉及的资料既多且杂，主要分散于时人著作、历史档案、旧报刊等文献资料中，而且当代研究资料很少，本书在研究深度和全面把握上尚有缺陷。

二是研究资料难以收集齐全，开展定性和定量分析难免存在误差。因民国时期所得税统计资料不全，所得税具体业务开展情况记载方面的素材较少，本书在研究中定性分析较多，定量分析仍然不够，在一定程度上可能影响到结论的准确性与说服力。

第 2 章

中国所得税制溯源

2.1 所得税缘起及先行各国施行情况

现代意义上的所得税，从产生至今只有 200 余年的历史。而所得税性质的税收，其历史一直可以追溯到远古时代的中国和其他国家，"吾国三代时，夏后氏五十而贡，殷人七十而助，周人百年而征，皆言征收田赋之所得，什取其一。考诸欧西古国，在耶稣纪元前，亦有所得税之痕迹。据印度史及圣经中所载者，如犹太之什一税（Jewish tithe）即一种简单之所得税。"[①] 只是当时社会对所得税概念没有近现代这么明确，也不把类似的税种称为"所得税"。所得税的明确称谓应在 18 世纪产生，而以 1799 年英国颁布世界上有史以来第一部所得税法为标志。

对于所得税的概念，专家学者的认识不尽相同。陶爱成认为：人民于一定时期内，无论直接或间接的所得、利润、利息、工资、地租等，皆称为所得。计一年所得数为标准，令纳若干分之一税，谓之所得税。[②] 金鑫等认为：所得税是以个人或法人的所得为征税对象的赋税。所谓"所得"，是指在一定时限以内，凡个人或法人因运用资产、劳力，或二者混合运用而取得之经常的或一时的合法收益（其价值可以货币单位计算），减除其取得此项收益时之一切必

[①] 张志樑：《所得税暂行条例详解》，商务印书馆 1937 年版，第 4 页。
[②] 陶爱成：《所得税概观》，《实业季刊》，1936 年第 3 卷第 4 期。

要费用后的净余额。[①] 陈荣、姚林香认为：所得税是以纳税人的所得额为征收对象的一种税。[②] 随着所得税越来越普及，开征国家和地区越来越多，征收范围越来越广，各国目前征收的种类很多，税名各异，比较规范的称呼如国家所得税、市政所得税、自然人税、法人税、公司所得税、个人所得税等；非规范性的称呼则更多，如教会税、工资税、贸易税、公共税、老年养老金捐助等，不一而足。根据纳税人的属性不同，这些所得税大致可以划分为两大类：一类为个人所得税，包括对自然人的综合收入、专业收入、权利金收入，以及非居民取得的上述收入课征的税；另一类是公司所得税，包括对企业的经营利润、资本利得以及非居民公司的上述收入所课征的税。绝大多数国家同时开征个人所得税和公司所得税。[③] 因此，可概括地说，所得税是以自然人或法人的法定应税所得为征收对象的一类税的总称。

因所得税的征税额以纳税人的负担能力为衡量标准，历代财税学者对所得赋税大多主张按"能力"为纳税原则征收。然而，对"能力"的理解在不同阶段有不同见解，致使赋税的实施在结果上各不相同。从财税史角度看，大致可分为五个阶段。第一阶段，以人丁作为"能力"的标准。政权或国家初创时期，经济和社会活动还处于发展初期，多认为政权或国家财政负担应以人丁作依据，等量分配为公平合理。皆因当时经济社会状况较原始，人类生产能力较低，统治者在向人们平均征收人丁税外，难以课征其他税收。随着经济发展，社会财产逐渐增加，人与人之间贫富差距加大，每人只同等交纳人丁税便不合时宜了，既不能体现公平，按纳税能力来承担赋税，又难以满足政权或国家的额外需要，因此所得性质的赋税必然进入以财产为"能力"标准的第二阶段。财产税最初附加在人丁税之上，随着经济的不断发展，财产税的地位越来越重要，相比人丁税来说也显得更公平一些，而且在征收上也更便捷有效，最终取代了人丁税地位成为国家财政收入的主要来源。然而，在经济进一步发展下去之后，以财产来衡量课税的多少又显现出缺乏公平和效率，于是财产税也随着时代发展而没落，所得性质的赋税进入第三阶段，即以消费为"能力"

① 金鑫等：《中华民国工商税收史》直接税卷，中国财政经济出版社 1996 年版，第 4 页。
② 陈荣、姚林香：《税收理论与税法》，江西人民出版社 1999 年版，第 119 页。
③ 全国注册税务师执业资格考试教材编写组：《税法Ⅱ》，中国税务出版社 2010 年版，第 1 页。

标准的消费税制阶段。人们认为，以消费为测量纳税能力标准在商品经济逐渐发达之后显得更为公允，每个人消费多少，就应该承担相应的税负，17~18世纪，欧洲不少商品经济较发达国家即征收消费税。但以消费量来衡量税负并不一定是个公平和有效的方法，这种方法税收数额难以确定并且税收收入不稳定，而且影响产业的不断发展。于是，以产出为课税"能力"标准又被理论界认为是较为恰当的标准，即所得性质课税的第四阶段。对财产的产出课税，在经济发展当中比对财产课税更公平，因为对财产课税很可能使资本金不断减少，从而影响生产规模，对产出课税顶多只会影响扩大再生产的规模。商品经济发达程度较高，产品生产较为集中且可对其有效监督，适宜征收产出性质的税。18世纪以后，法国的"物税"、德国的"出产税"、中国的"统税"，即是对产出课税。后来，以产出为标准课税也被认为不尽合理，因为产出并不是纯收益，于是探索以所得为"能力"标准课税，是为第五阶段。通过对所得征税，能较好消除前四个阶段存在的各种负面影响，相比而言在理论上最合于优良税制的要求，但在具体实行时也遇到许多困难。① 可以看出，人们在探索以所得为纳税标准的过程中费尽周折，并且一直延续至今。

所得税制度诞生和发展于较高生产力水平阶段，一定经济实力和数量规模的纳税群体作为其纳税基础。总体来说，生产力水平较高的国家，所得税开征往往要早于生产力水平较低的国家，而且经济发展水平较高的国家所得税制度相对也会较为完善，大多采用综合税制；经济发展水平较低的国家所得税通常会比较简单，多采用分类税制或分类与综合混合税制；那些最贫困的国家往往都没有开征所得税。② 这些贫困国家即使开征所得税，也往往名不符实。

塞里格曼（Edwin R. A. Seligman）对所得税的形态进行了较深入的研究，他认为所得税形态有三类：第一类是假设的所得税（presumptive income tax），即要知道一个人的所得究竟有多少是一件困难的事，在征税时人们会通过舞弊等手段逃税。完全依靠纳税人的申报，这是假定一种廉洁的精神，正直的态度，以及毫不自私的念头，然而这只是一种假定。因而征税机关靠对纳税人

---

① 吴广治：《所得税》，中华书局1936年版，第1–5页。

② 夏琴舸：《所得税的历史分析和比较研究》，东北财经大学出版社2003年版，第93页。

所得进行估计的方法计算应纳税额。现在要决定的不是假设的所得，而是实际的所得。第二类是直接所得税（总额所得税 slump sum income tax），即拿一人之全部所得来征税。这是征收一个人的实际所得税，优于假设所得税。但采取这种方式征税要求有完好的行政制度的支持，即素质较高的税吏，不宽也不窄的税基等，使人们不会想去舞弊。第三类是溯源所得税（stoppage at the source income tax），把所得分为许多种类，每类所得都有来源，从所得给付者那里扣缴受领者的所得税。总额所得税与溯源所得税都被当时的英国证实是比较好的征税方式，与总额所得税相比较，溯源所得税实行不了分级征收。①

真正意义的所得税产生于西方国家工业化发展时期。随着资本主义大机器生产的出现，改变了传统社会分工与生产方式，生产力水平也随之产生了质的飞跃。而资本主义的生产方式在西方国家普及，使新兴资产阶级逐渐取得了国家的统治权。这时经理、管理阶层与股东阶层开始出现分离现象，与股东、债主等食利阶层共同形成较高收入的群体，公司也逐渐增多且被视为独立法人，这都使所得税有了相当稳定的税源，因此得以在西方工业化较发达国家普及。②

然而，这些西方国家采行所得税也不是一蹴而就，而是随税制结构不断变化慢慢演化而成。经济发展使税制结构经历了一个从直接税到间接税再到直接税的发展过程，对商品课税逐渐取代人丁税、财产税等直接税成为国家的主体税种，是以自然经济向商品经济过渡为前提。伴随商品经济进一步发展，对商品课税成为自由竞争与市场运转的障碍，其主要表现在扭曲价格形成机制、破坏市场供求关系、阻碍对外贸易等诸多方面。资本主义经济朝进一步社会化与专业化方向发展时，由于其本身的特点，以间接税为主体的税制结构越来越不适应逐渐形成的新经济结构，间接税层层重叠征税的特点不仅造成身处不同生产和销售环节纳税者的税收负担不公平，而且阻碍效率更高的专业化分工合作模式的运作，促使企业向全能化方向发展，对经济发展造成很大制约，与商品经济发展方向相悖。在国内，间接税制度破坏了多种商品价值的对比关系，阻

---

① ［美］塞里格曼（Edwin R. A. Seligman）：《所得税论》，杜俊东译，商务印书馆 1933 年版。

② 夏琛舸：《所得税的历史分析和比较研究》，东北财经大学出版社 2003 年版，第 95 页。

碍了自由竞争与交换；在国际贸易当中，这种制度催生关税保护政策，阻碍和破坏同其他国家进行自由贸易。在分析税收制度演变时，马克思曾经提出："城市实行了间接税制度，可是久而久之，由于现代分工，由于大工业生产，由于国内贸易直接依赖于对外贸易和世界市场，间接税制度就同社会消费发生了双重的冲突。"① 于是，减少或废除间接税而改行改进后的直接税制度就成为较得当的选择，而用对所得课税这样一种对市场运行干扰较小的"中性直接税"来取代对商品课税的主体税种地位，也就成为历史的必然选择。

所得税的创立是经济发展到一定阶段的产物，但最初的导火索却是因为战争。所得税起源于工业化最早的英国，18 世纪中叶，其大机器工业化生产迅猛发展，也促进了其他各业的繁荣，为社会积聚了越来越多的财富，为所得税的产生奠定了扎实的经济基础。由于 1793 年英国对法宣战，战费浩大，原有财政来源难以为继。时任英国首相皮梯遂打起了富人们不断膨胀的财富的主意，于 1798 年创办了一种具有伸缩性的新税，取名为三部联合税，这被认为是现代所得税的起源。该税是英国为了筹措军费创设的一个临时性税种，其目的是对富裕阶级以过去所纳税额为主要参考，临时特课重税，以筹措必要的军费。办法是依消费大小而推定所得大小，以此为基础课税。其内容分为三部：第一部是对仆役的使用人及车马所有人所课之税，在 25 英镑以上者根据其原负担额不同课以不同的倍数，负担额越高课税倍数越高；第二部是对于曾被课税的房屋、门、窗、犬、钟表等所课之税，在 1 英镑以上者按照其税额 1/4 至 5 倍课税；第三部是对于房屋、土地所有人按其财产多少，在原税额基础上临时加课不同倍数的重税。三部联合税的原课税税种大半为消费税，少数为收益税，依据纳税人原课税额和消费能力，间接推测其所得，另根据其个人情形，确定征税数额，已具有所得税的性质。由于该税处于草创阶段，漏税繁多，征收并不理想。于是皮梯改弦更张，在 1799 年颁布所得税法，征收范围分为四类：土地及房产所得；动产、商业职业、官位、抚养金、补助金、雇佣及技能所得；大不列颠国外所得；不属于以上任何一类所得。所得税由此正式产生，但因当时征税手段和技术欠缺，纳税人的纳税道德只是一空洞名词，申报纳税

---

① ［德］马克思：《英国的新预算》，载《马克思、恩格斯全集》（第 12 卷），人民出版社 1962 年版，第 142 - 143 页。

者寥寥，1802 年战争结束后该税即被废止。英国所得税在这之后屡兴屡废，一直到 1874 年才被正式确立为一个永久性的法定税种。[1] 英国能由一个二流国家跃居世界各国经济、军事实力之首，一度成为"日不落帝国"，在很大程度上得益于较早建立了适合经济社会发展且相对完备的国家税收体系，而所得税的设立和改进则是其重要方面。

在英国首创所得税后，德、澳、俄、加等国由于战时需要也先后施行所得税。美国由于南北战争财政奇窘，于 1861 年制定联邦所得税法，1862 年正式开始征收。其后也进行了多次修改，直到 1913 年制定新所得税法，并一直沿用至今。日本在明治二十年（1887 年）制定所得税法，亦经多次修改，直至大正九年（1920 年）采行新所得税法，成为日本现行所得税法的基础。因受大革命人权宣言影响和资产阶级阻挠，法国采行所得税较晚。当时法国不少人认为所得税是束缚个人自由的租税，虽然在 1848 年就有人建议实行所得税，但一直未被采用或未经上、下两议院通过，直到 1914 年大战爆发才立法通过，开始征税以补国用不足。进入 20 世纪特别是第一次世界大战以后，西方国家普遍出现严重的经济危机，经济萧条和经济膨胀频繁交替出现。如何保障经济平稳发展成为政府的首要责任，而所得税具有较强的内在稳定功能，于是成为多个国家稳定经济的工具，也促使西方国家税制结构发生了实质性变化。这段时期，一些暂停开征所得税的国家重新开征，于是经济比较发达的国家几乎都开征了所得税，不少国家还对所得税制度进行了改革，将原来的分类所得税制改为以综合所得税制为主、分类所得税制为辅或分类与综合所得税制并行的新型所得税制，将以往不少未列入所得税征税范围的收入项目，如利息收入、资本转移收入等临时性和一次性收入都列入征税范围，不断扩展了所得税税基。[2] 世界上开征所得税的国家越来越多，到 1926 年，欧洲有 40 个国家、亚洲有 32 个国家开征，美洲大部分国家也开征了所得税。[3]

采行所得税较早各国所得税实施时间如表 2 - 1 所示。

---

[1]　朱偰：《所得税发达史》，中正书局 1947 年 1 月版，第 41 - 42 页。

[2]　刘剑、张筱峰：《西方发达国家个人所得税改革的趋势及其对我国的启示》，《财经论丛》，2002 年第 6 期。

[3]　蔡问裴：《所得税的开征及其前途》，《时代论坛》，1936 年第 1 卷第 9 期。

表 2 - 1   各国采行所得税时间

国　家	年份
英国	1798
瑞士	1840
美国	1862
意大利	1864
塞尔维亚	1884
南澳大利亚	1886
日本	1887
新西兰	1891
荷兰	1893
塔斯马尼亚	1894
奥匈帝国	1896
西班牙	1900
匈牙利	1909
法国	1914
捷克斯洛伐克	1914
俄国	1916
希腊	1919
卢森堡	1919
比利时	1919
德国	1920
保加利亚	1920
波兰	1920
巴西	1922
罗马尼亚	1922

资料来源：张志樑：《所得税暂行条例详解》，商务印书馆 1937 年版，第 6 页。

　　由于所得税与许多其他各税种比较，存在负担公平、富有弹性、收入稳定、纳税普遍等优点，所得税收入在各国税收收入中比重逐渐上升，很快在工业国家占据主体税种地位，这从 1932 年日、德、英、法、美、日等国所得税收入在税收收入总额中所占的比率可以看出（见表 2 - 2）。

表 2 - 2   1932 年六国所得税收入在国家税收收入中所占比率

税　种	日本 （万日元）	德国 （百万金马克）	英国 （千镑）	法国 （百万法郎）	美国 （千美元）	意大利 （百万里拉）
所得税	138103				1099987	3361
地税	58255		800			
营业收益税	36124					
资本利息税	14961					
继承税	26017		76000		45000	150
酒税	180459					250

续表

税　种	日本 （万日元）	德国 （百万金马克）	英国 （千镑）	法国 （百万法郎）	美国 （千美元）	意大利 （百万里拉）
糖消费税	74145					
布匹消费税	30099					
交易所得税	11899			129		
关税	113667	1140	173275	5630	479995	
个人所得税		1630				
法人所得税		120				
危险税		140				
财产税		280				543
工业企业者负担		40				
烟草税		775			459650	
糖税		270		611		1300
啤酒税		300		89		45
汽水税		5				
火柴税		20				
矿油税		13				
盐税		40		92		
杂税		11			980	
点灯器专卖收益金		4				
酒精专卖收益金		130				
销卖税		1820		6478		1000
不动产取得税		24				
资本流通税		48				
动力车税		180				
保险税		65				
赛马税及彩票税		90				
票据税		42				
运送税		708				113
普通所得税			266000			
附加所得税			66000			
超过及法人利得税			1200			
印花税			23000	1654	55000	772
汽车税			27910			
不动产所得税				1416		456
商工业所得税				3211		
营业所得税				66		
薪资所得税				950		
非商业的所得税				220		
资本利息所得税				2227		
综合所得税				2357		
其他直接税				788		
赠与税				108		

续表

税　种	日本 （万日元）	德国 （百万金马克）	英国 （千镑）	法国 （百万法郎）	美国 （千美元）	意大利 （百万里拉）
酒精饮料税				921		
葡萄酒及果酒税				441		
酒精税				955	10000	
其他消费税				194		
火柴专卖收益金				280		130
火药专卖收益金				170		
登录税				3507		790
铁道税				1521		
汽车及脚踏车税				717		
人造牛酪税					2000	
入场费税及俱乐部税					15000	
银行税					4315	
独身者累进税						105
谷类关税						666
其他关税						1625
咖啡税						472
煤气及电气税						245
其他消费税						229
烟草专卖收益金						130
盐专卖收益金						320
卷烟用纸税						12
登录税及印花税代交税						350
道路改良税						191
合计	683728	7965	752358	34732	2171927	15812
所得税占税收比率	20.2%	23.6%	43.3%	30.1%	50.7%	24.2%

注：日本年度期间为昭和8.4.1~9.3.31；德国年度期间为1932.4.1~1933.3.31；英国年度期间为1932.4.1~1933.3.31；法国年度期间为1932.4.1~1933.3.31；美国年度期间为1932.7.1~1933.6.30；意大利年度期间为1932.7.1~1933.6.30。

资料来源：[日]汐见三郎：《各国所得税制度论》，宁柏青译，商务印书馆1936年版，第2-4页。

从表2-1中可以看出，所得税在国家税收收入中所占比重最大的是美国（50.7%），其次为英国（43.3%）、法国（30.1%）、意大利（24.2%）、德国（23.6%）和日本（20.2%），基本上是国家发达程度越高，所得税在税收收入中所占比重越大。

所得税由于其强大的生命力，推广越来越快，时至今日，绝大多数国家和地区都开征了所得税。但也有学者在20世纪30年代就认为，尽管所得税相对较为公平，可避免其他一些税的缺点，收入较为确定，且弹性较大，平时可实行轻税，战时则可抬高税率以应急需，但所得税的开征也应注意以下几点：一是应先于所得额中减去最低生活费用，以使人们维持一定的生活水准；二是应于所得额中减除家庭负担费用；三是区别劳动所得与财产所得；四是税率应绝对适用累进；五是应综合考虑社会状况来确定所得税征收幅度。[1]　只有这样，所得税才不失其公平合理的本旨。

2.2　清末民初中国税制变革背景分析

中国筹议和施行所得税始于清末民初，这跟当时的经济、政治、社会与税收制度变革密切相关。

2.2.1　近代工商业发展促进税制转型

1840 年鸦片战争以后，特别是进入 20 世纪，中国资本主义经济逐渐得到发展。鸦片战争以来，原作为中国资本主义萌芽主要形式的工场手工业发展日益迅速，到 20 世纪初，所有重要手工行业都有工场手工业户。而西方资本主义也开始入侵中国，1843～1894 年，外国在华一共设立工业企业 191 个，其中，116 个为船舶修造业和丝茶等出口商品加工企业。外国在华创办工业 20 余年后，清政府开始创建用机器生产的工业，1861～1894 年，共设立 21 家军用工厂和造船厂，资金约为银 5000 万两，其中，湖北枪炮厂、江南制造总局、天津机器局、福州船政局规模较大，设备较为齐全，属于创建时期中国近代工业的大型工厂。官办和官商合办带动了中国近代工业的发展，至 1894 年甲午战争前夕，由国人自办的工业企业已有约 19 个，涉及船舶、机器修造、机器缫丝、棉纺织、其他轻工业等多个行业。甲午战争后，随着民族矛盾日趋激化，实业救国成为许多人的共识和行动，1895～1913 年，中国近代民族工业进入起步发展时期，新创办的资本额在 1 万元以上的工厂就有 468 家且 80% 以上属商办企业，改变了甲午战争前以官办为主的趋势，民族资本逐渐成为本国工业资本的主体。同时，外资在华工业也凭借特权迅速增长，资本在 10 万元以

---

　　① 陶爱成：《所得税概观》，《实业季刊》，1936 年第 3 卷第 4 期。

上的工厂达 104 家。1914 年第一次世界大战爆发后，英、德、法等帝国主义国家作为战争的主要参加国转入战时经济，放松了对中国市场的扩张，中国民族工业又获得了一个较好的发展时期，1914～1919 年，新开设资本在 1 万元以上的工业企业达 379 家，资本额为 8580 万元。[①] 这段时期，国民经济逐步走向开放，中国经济渐渐融入国际经济体系。1893 年以前，中国开放口岸只有 5个，到第一次世界大战开始时已有 92 个城市对外开放。经济的开放主要体现在进出口贸易的不断扩大和外商来华投资的不断增长上。一方面，商品进出口规模在此时期有了较大幅度的增长。据统计，1912 年，中国商品进口额为47300 万海关两，出口额为 37100 万海关两；到 1927 年时，进口额为 103100万海关两，出口额为 91900 万海关两。另一方面，外商投资逐渐增加，尤其是在第一次世界大战结束后，中国政府修订海关税则，提高了进口商品的关税，从而促进了外商来华投资的增长。据统计，1902 年，英、美等国家在华投资额只有 78790 万美元，1914 年增加到 161030 万美元。[②] 1913 年，在华从事进出口贸易的外资洋行为 3805 家，1930 年为 8297 家。1913 年，中国进出口贸易总额为 9 亿两，1928 年增加为 21 亿两。[③] 经过数十年曲折发展，清末民初中国工业已经初具规模。

在商业方面，鸦片战争后随着对外贸易的发展，中国国内市场不断扩大。出现了为外国的洋行进行购销活动的新式商业，它们依附于洋行，属于批发商业，经营出口货物的称为行栈，而经营进口货物的多称字号。洋行发展迅速，许多成为巨贾。1900 年以后，国门更是大开，对外贸易额快速增长。农村小贩、城镇货栈收集出口商品，经过转运商贩往口岸，再由行栈卖给洋行销往世界各地。进口商品则由口岸的洋行、买办售给转运商，再由转运商运往内地销售到城镇、乡村。海运、内河航运和铁路运输的发展也使商品流通加快，国内市场不断扩大，而且把原有封建性很强的行会商业、地主商业、牙行等传统商业也囊括进去。到 20 世纪初，一个从通商口岸到穷乡僻壤的半殖民地半封建商业网络已然形成，不断发展的近代工业的产品自然进入这个商业网，促使近

---

① 百度百科：中国近代工业。

② 孙翊刚：《中国财政史》，中国社会科学出版社 2003 年版，第 334 页。

③ 黄天华：《中国税收制度史》，华东师范大学出版社 2007 年版，第 659 页。

代商业规模越来越大。以上海为例,1900 年前后,上海即有百货商约 100 家,棉布商约 130 ~ 140 家,西药商 6 家,五金商 58 家。① 清末民初,全国已经初步形成一个商业销售网络,特别是上海、广州、天津等沿海大城市商业发展较快。

我国古代社会的经济以农业为主体,赋税制度也一直是以农业税制为主体,即使在清中期以前,赋税的征收也是由各州县根据户部编纂的《赋役全书》所载钱粮地丁税额征收递解,视为正供的田赋占整个国家税收的大宗,与盐税、内地常关税共同构成清政府财政收入的三大支柱。而作为田赋附加的"火耗"则成为州县的津贴,与契税、当税、牙税等杂税共同维持着地方衙门的日常开支。② 鸦片战争以后,民族工商业经过洋务运动、戊戌变法和清末新政的数度推动,到辛亥革命前夕已有较大发展,官办、官商合办和商办企业越来越多,在华外资企业更是迅猛增加,税源也由此发生了很大改变,从原来主要向农产品课税逐步转为主要向工业品课税,工商税收在整个国家财政收入中慢慢跃居首位。而随着资本主义经济的发展,工商业薪给、利润、地租、利息等各种所得越来越多,在中国也就逐渐具备了征收所得税等直接税的经济条件,工商税收制度也由间接税制开始逐渐向直接税制转型。

2.2.2 改良民主思潮引发新税制探索

中国近代改良思想活跃期是在鸦片战争外国列强打进国门之后,落后挨打的现实逼迫知识分子甚至统治阶级中的开明人士逐渐转变观念,谋求用改良来使中国积贫积弱的现状有所改观,并促成洋务运动的开展和戊戌变法改革。

洋务运动是 1861 ~ 1894 年清政府内部洋务派在全国各地掀起的"师夷长技以制夷"的改良运动,不触动封建制度的根本,主张创办近代军事工业和民用工业,筹划海防,举办新式学堂,有计划地向西方国家派遣留学生,希望学习和利用先进技术达到制衡外国列强、维护封建统治的目的。通过"师夷长技",不仅学习了外国语言文字、近代自然科学、军事技术、经济和社会科

---

① 百度百科:中国近代商业。
② 孙翊刚:《中国财政史》,中国社会科学出版社 2003 年版,第 310 - 317 页。

学知识，而且还了解了西方资本主义国家包括财税体制等各方面的情况。洋务运动在主要内容上并没有改良财税制度的明确内容，但由于对改良经济结构和经济制度起到了较大的促进作用，其促进工业化的不断发展在客观上也促进了中国以农业税为主体的税制向以工商税为主体的税制转变，并且培养了一批适应经济和财税体制发展潮流的人才，为财税体制改良和改革打下了一定基础。

戊戌变法是 1898 年以康有为为首的改良主义者通过光绪皇帝所进行的资产阶级性质的政治改革运动，其主要内容是：在政治方面准许官民上书言事；精简机构，裁汰冗员；废除旗人寄生特权。在经济方面，为保护农工商业的发展，于京师设立农工商总局和铁路矿务局；奖励创造发明；改革财政，编制国家预算决算等。戊戌变法遭到以慈禧太后为首的守旧派强烈反对，当年 9 月，慈禧太后等即发动政变，囚禁光绪皇帝，维新派首领康有为、梁启超分别逃往法国和日本，谭嗣同等戊戌六君子被逮捕并杀害，变法运动只开展了 103 天即告失败。戊戌变法昙花一现，在政治上虽然完全失败了，但它是一次进步的政治改良运动，也是中国近代史上具有重大意义的事件和著名爱国救亡运动。它要求发展资本主义经济和扩大资产阶级政治的权力，符合近代中国发展的大趋势。它又是一次思想启蒙运动，批判封建主义旧文化、旧思想，传播了资产阶级新文化和新思想。资产阶级改良派的一些主要代表，如康有为、谭嗣同、严复等，也是当时先进的中国人的代表，通过对西方一些先进的自然科学以及资产阶级经济学、政治学、哲学等思想的传播，向西方学习和借鉴以寻求救国救民真理，在当时沉闷的思想界起到了振聋发聩的作用。[1] 特别是戊戌变法的主要推动者康有为，在税收方面富有变革思想。康有为在其著作《大同书》中主张："公中更未尝向一人而收赋税，扫万国亘古重征厚敛之苦。"康有为还认为商兴才能国富，统治者必须保商，而保商的关键在于轻税。他猛烈抨击逢卡必抽的恶税——厘金税，认为它既不利商，又不利农，更不利国，必须予以裁撤。他主张通过借鉴西洋现代税制开辟财源，用以代替厘金税。而梁启超、谭嗣同、张謇等人也主张轻税、平税，摒弃恶税振兴实业。[2]

---

① 楼宇烈：《试论近代中国资产阶级改良派的哲学思想》，《历史论丛》第一辑，齐鲁书社 1980 年版。

② 王成柏、孙文学：《中国赋税思想史》，中国财政经济出版社 1995 年版，第 618－631 页。

中国近代民主思潮则酝酿于 19 世纪 70 年代至戊戌变法时期，这一时期，魏源、冯桂芬、梁廷楠、洪仁玕等纷纷向中国介绍西方的民主制度，其中有些人还提出变专制为议会制。甲午战争后，中国的维新运动是救亡图存民主理论的早期实践阶段，推动了民主理论逐渐发展。戊戌变法传播了自由、平等、博爱、天赋人权、社会契约等西方资产阶级的民主思想。20 世纪，民族危机加重促使资产阶级民主思想得到快速发展，特别是以孙中山为代表的民族资产阶级还提出否定封建专制，通过国民革命确立各种具体的民主权利，建立资产阶级共和国。随着民族资本主义得到初步发展，民族资产阶级具备了一定的实力，他们反对帝国主义对中国经济的控制和清政府的卖国行径，资产阶级民主革命思潮逐渐兴起，成为这一时期经济思想中的进步潮流。以孙中山为代表的资产阶级民主革命派的赋税思想已不局限于学习和传播西方赋税思想理论的范围，而是将它与中国的经济基础相结合，按照政治需要，将其作为革命纲领的组成部分，并且付诸实践。[1] 中国近代史上规模最大的启蒙运动——五四新文化运动，是近代中国民主思想发展的一个重要里程碑。以陈独秀、李大钊、鲁迅、胡适等人为代表的先进知识分子，促使人的思想空前解放，动摇了封建思想的统治地位。民主与科学思想的弘扬，推动了中国政治、经济和社会的发展，也引发了各界对新旧税制的进一步检讨。

中国近代特别是辛亥革命前后，中国社会政治经济急剧变化，经历了一场全方位的艰难抉择和制度蜕变，也促使我国传统税制在辛亥革命前后逐步向现代税制迈进。辛亥革命前夕，以厘金存废问题为导火索，朝野舆论上下积极探索整顿和改进税制的新路径，并借助西方税收理论和新税制的输入，纷纷建言献策，对现行税制的诸多弊端展开了深入检讨，筹议开征适应工商业发展需要的新税种，为清政府调整税制做了较为充分的思想准备。清政府也曾试图通过清理财政、推行分税制改革来加以完善税制结构。但旧观念、旧势力的制约和清王朝的迅速垮台，使这些改良没法得到充分实施。辛亥革命后，税制改革的讨论随着政制改变和逐渐宽松的社会环境开展得更加深入。沿袭清末分税制的基本思路，民国北京政府把已在征收的田赋、关税、盐课、契税、矿税、厘

① 王成柏、孙文学：《中国赋税思想史》，中国财政经济出版社 1995 年版，第 632 - 633 页。

金、茶税、烟酒税等划归国家税，并拟逐步开征所得税、印纸税、营业税、登录税等。而把田赋附加、商税、牙税及牙捐、当税及当捐、牲畜税以及其他杂税划归地方税。① 通过全面检讨新旧税制，为开征所得税、印花税、消费税、统税等工商新税打下了思想理论基础。1914 年，民国北京政府颁布《所得税条例》，虽然开征阻力重重，但为 1921 年开征官俸所得税、1936 年全面开征所得税作了非常必要的前期铺垫。

2.2.3　西方税制引入推动旧税制变革

随着西方列强和日本用坚船利炮打开了近代中国的国门之后，中国人民饱受洋人压迫和剥削，政治经济也倍受外国强权冲击。同时，发达资本主义国家的先进理念、技术和政治经济制度（包括现代税收制度）也逐渐为国人所认知和借鉴。清末民初，随着西方发达国家对中国的影响越来越强，西方税收理论的传播也为税制变革提供了重要的思想和舆论基础，早在 1889 年和 1996 年，李鸿章和陈璧就曾倡议仿行西洋印花税，1898 年，谭嗣同在《湘报》上发表《试行印花税条说》，更大力推崇印花税，称赞其"最合中国之古法"，并列举开征印花税具有"八利"，"八利具而厘金之弊去，弊去而上下交足焉"。② 清末，印花税由舆论鼓吹发展到税收立法以至尝试征收，也反映了仿效西方税制以开征工商新税的探索历程。1909 年，日本小林丑三郎所著《比较财政学》中文版面世，书中介绍了世界各国最新税种，如所得税、印花税、烟酒税、登录税、奢侈税、消费税等。而《申报》《东方杂志》等报刊杂志也刊登了不少介绍所得税、印花税、营业税等西洋工商新税的文章。西方税制在近代中国得到了较充分的推介，推动了西方现代税收知识的普及和执政当局进行税制变革。

民国初年，仿行西洋税制以改革中国旧税制、开征新税的风气日盛。由于所得税的优点较多，这使得其介绍到中国来就得到比较广泛的认同。一是所得税遵循公平原则，"国民负担租税能力，随贫富而不同；若各种赋税用比例税法征收，则富者之负担较轻，而贫者之负担反重，故益增贫富之差。所得税乃

---

① 金鑫等：《中华民国工商税收史纲》，中国财政经济出版社 2001 年版，第 51 – 52 页。

② 蔡尚思、方行：《谭嗣同全集》（增订本），中华书局 1998 年版，第 413 – 415 页。

用累进税法，故富者之义务重，可以补正诸税之缺点"。二是所得税遵循弹性原则，"国民之纳所得税者，皆中流社会以上之人，衣食既足，自知礼义；故泰平之时，轻其税率，以增进富力，一旦有事，增高税率，较为容易。即有伸缩力之善良赋税也"。① 三是所得税遵循普遍原则，由于其征收范围广，从理论上说公民一般都有所得，因此也一般都是所得税纳税义务人，不似许多税种只涉及部分征收对象。诸多因素共同作用，导致民国北京政府于 1914 年 1 月明令颁布《所得税条例》，开始着手施行所得税。

2.2.4　军政费用浩繁激发开新税欲望

清朝末年，由于内忧外患，战乱频仍，军费和战争赔款数额巨大，国家财政严重入不敷出，开征所得税、印花税、营业税等新税的重要目的即是图谋增加税收收入，以充军费。而从 1912 年北洋军阀统治政权建立开始，到 1928 年民国北京政府垮台，这 16 年是中国近代史上著名的军阀混战时期，整个国家处于灾难深重当中。各派系军阀为了自身利益，加上各帝国主义国家为获取和保护其在华政治经济利益，纷纷寻找军阀为代理人和支持对象，军阀们无休止地混战十余年，耗尽了无数民脂民膏。据不完全统计，1912～1922 年的 11 年中，即发生内战 179 次。而各地军阀为壮大实力，不断扩充军队，1914 年 4 月，全国陆军为 45.7 万人，1918 年为 85 万人，1919 年即增为 138 万人，1923 年达到 160 万人。军队人数激增，装备、枪炮弹药、给养等军费消耗必然大量增加。1918 年，军费支出为 20300 万元，1925 年为 60000 万元，1927 年则达到 70000 万元。② 表 2-3 和表 2-4 为 1913～1925 年民国北京政府中央军务费实支情况和岁入岁出预算情况。

表 2-3　　　　　　　1913～1925 年北京政府中央军务费实支情况

单位：元

年度	军务费总计	陆军部经费	海军部经费
1913	172747907	163775012	8972895
1914	142400637	137588077	4812560

---

① 吴兆莘：《中国税制史》，商务印书馆 1937 年版，第 219 页。
② 李文治、章有义：《中国近代农业史资料》第二辑，生活·读书·新知三联书店 1957 年版，第 608 页。

续表

年度	军务费总计	陆军部经费	海军部经费
1916	159457250	142252713	17204537
1917	83928134	78851296	5076838
1918	137529658	131917250	5612408
1919	112985534	106112717	6872817
1920	107730172	99749776	7980406
1921	97984769	90912641	7072128
1922	72891786	65254410	7637276
1923	48437411	41017835	7419576
1924	29373821	32299346	7074475
1925	59404 905	51994730	7410175

注：1912～1916 年系预算数，且1916 年度包括地方支出数；1917～1925 年系按财政部会计司直接支出各账编入。

资料来源：国民政府财政部编：《财政年鉴》，商务印书馆1935 年版，第1－16 页。

表2－4　　　　　1913～1925 年北京政府中央岁入岁出预算统计情况

单位：万元

年度	岁入	岁出	盈绌
1913	41267	48787	－7520
1914	25474	22926	2548
1915	13067	13904	－2547
1916	31578	31517	61
1919	49042	49576	－534
1925	46164	63436	－17272

资料来源：千家驹：《最近三十年的中国财政》，1934 年1 月出版《东方杂志》第31 卷第1 号，第110－111 页。

　　从表2－3 和表2－4 可以看出，1913 年，民国北京政府中央军务费占岁入的41.8%，1914 年占55.9%，虽然此后几年该比例有所下降，但军费占政府财政收入比例仍然畸高，而且下降很重要的原因是军阀割据越来越严重，中央政府难以管辖到原来需要拨付军费的地方军阀，地方军阀搜刮民财的程度则一点也不逊于中央军阀政府。从全国的情况估算，军费支出占财政支出的比重居高不下，1913 年为26.9%，1917 年为31.17%，1919 年为43.8%，1925 年达46.9%。[①] 军阀们为取得战争的胜利，或不被其他军阀消灭，想方设法通过加重原有税负和开征新税来获取难以满足的军费需求，这一时期所得税等各种新税收制度出台即是在此种背景下提上议事日程的。

---

　　① 来新夏：《北洋军阀对内搜括的几种方式》，《史学月刊》，1957 年第3 期；载中国人民大学经济系编：《中国近代农业经济史》，中国人民大学出版社1980 年版，第130 页。

2.3　清末民初所得税的筹议与施行

2.3.1　清末民初筹议与施行所得税过程

2.3.1.1　清末《所得税章程草案》的夭亡

清朝末年，不少专家学者对引进所得税进行了理论探讨，并提出采行建议。1902 年，梁启超在其所著的《中国改革财政私案》一文中，提出了逐步设立所得税等新税种的建议。宣统年间，考察日本国的宪政大臣李家驹也提出了一个包括增加财产税、营业税、家屋税等收益税，所得税、兵役税、特别税等直接税的更加完备的资本主义性质税制改革方案。① 由于清政府很快灭亡及客观条件不具备，当时许多税制改革探讨仅仅停留于纸上谈兵。②

列强入侵和王朝腐败无能，使清政府被迫签订了一系列不平等条约，海口和边关失去控制，关税等许多税收主权逐渐丧失在列强手中，财政收入锐减，清政府为赔付战款和镇压反叛支出急剧增长，中华民族跌入痛苦的深渊。这时，朝野上下受欧美税制改革的影响筹议引进新税制，清政府如同抓住了救命稻草。于是积极开展税制改革，提议开征所得税等新税以补国用，并制定了相关所得税草案。宣统二年（1910 年），清政府度支部为改善税制结构，缓解财政压力，参照外国税制引进所得税制，拟具了《所得税章程草案》30 条。草案规定的所得税征收项目和税率共分为三类：第一类为公司所得及债票利息，按 2% 的税率计征；第二类为廉薪所得，包括俸廉公费，各局所、学堂的薪水及从事行政衙门与公共机关者的收入，按照 1% ~6% 八级全额累进税率计征；第三类为其他所得，适用第二类的税率。③ 这项草案虽然已送交资政院审议，但议而未决。不久辛亥革命爆发，清王朝覆灭，引进所得税计划也随之夭亡。

2.3.1.2　民初《所得税条例》的兴废

以 1911 年 10 月 10 日辛亥革命爆发作为标志，中国民主主义革命先行者

---

① 《宣统政纪》卷四七，中国书店 2001 版，第 8 - 12 页。
② 邹进文：《民国财政思想史研究》，武汉大学出版社 2008 年版，第 85 页。
③ 国家税务总局：《中华民国工商税收史纲》，中国财政经济出版社 2001 年版，第 112 页。

孙中山先生领导的资产阶级革命结束了中国历史上两千多年的封建君主专制制度，建立了中华民国。但革命的果实被代表帝国主义和国内大地主、大官僚、大军阀利益的袁世凯所窃取，开始了北洋军阀统治的民国北京政府时期。该时期，中国政治社会仍然极度混乱，中央政府没有稳定的财源，收入如同政治格局一样支离破碎。由于军政费用支出浩繁，政府迫切地想通过施行所得税等新税来开辟财源，缓解财政日绌的状况，于是，由袁世凯控制的北京政府亦决定倡办所得税。1912 年（民国元年）5 月，民国北京政府首任财政总长熊希龄在向参议院报告其财政施政意见中，提出了应对财政困难的八项解决办法，其中第四项中有推行所得税等新税种的内容。① 1913 年（民国二年），署财政部次长代理部务的梁士诒提出了整顿旧税、增加新税的主张，而所得税则是新税中的重要税种。他认为增加新税"亦明知际此民力凋敝，未便增重负担，奈倒悬燃眉之急，实有不可坐待之势"。② 面对国家"百废待兴""百业待举"和军阀割据局面，政府亟须改进和充实财政，于是加快了倡办所得税的步伐。

1914 年被视为中国所得税正式立法的开端，民国北京政府于当年 1 月颁布《所得税条例》计二十七条，对课税范围、税率等级、计算方法、免税规定、报告手续、调查方式、议决程序、审查组织、纳税时期等均有规定，为所得税的最终实行打下了基础。当时，北京政府财政部提出呈办所得税的四条理由：一是合于税法平均原则，二是合于赋税普及原则，三是合于赋税伸缩原则，四是合于赋税能得多额原则。③

1914 年 1 月，民国北京政府颁布的《所得税条例》采用综合课税制，其课税范围采取属地主义原则，无论本国人或外国人，凡在民国内地发生所得，都应依条例规定课征所得税。课税所得分为两种：第一种为法人所得和除国债外公债及社债所得；第二种为不属第一种的各种所得，征收对象很广。所得税课税范围为：在民国内地有住所或一年以上居所者；在民国内地虽无住所或一年以上居所，但有财产或营业或公债、社债利息等所得者，就其所得负纳税义务。

---

① 邹进文：《民国财政思想史研究》，武汉大学出版社 2008 年版，第 110 页。

② 岑学吕：《三水梁燕孙先生年谱（上）》，商务印书馆 1939 年版，第 141 页。

③ 朱偰：《所得税发达史》，正中书局 1947 年版，第 126 – 127 页。

所得税对第一种所得采用比例税率，法人所得课税 20‰，公债、社债利息所得课税 15‰；第二种所得则采用超额累进税率，500 元以下免税，随着所得额的增大，按级累进征收，501 元起税率以 5‰起征，并以 5‰累进，至 50 万元征收 50‰，以后每增加 10 万元递增征收 5‰。军官在从军中的俸给、美术或著作所得、教员薪给、旅费、学费及法定赡养费、不以营利为目的的法人所得、不属于营利事业的一时所得免征所得税。第一种第一项所得额为年度总收入减去本年度支出、前年度盈余、各种公课及保险金、责任预备金，第一种第二项所得额为其利息全额；第二种所得额为收入总额减去已课所得税法人分配的利益、第一种第二项利息及经营经费、各种公课等，所得额全额计算的包括议员岁费，官公吏俸给、公费、年金及其他给予金，从事各业者薪给，放款存款利息及不课所得税法人分配的利益。

　　纳税义务人有第一种第一项所得应在年度之末将其所得额及损益计算书报告主管官署，第一种第二项所得由发行公债地方团体或发行社债公司于给付利息之前申报主管官署。主管官署在收到纳税人申报后，要分别进行调查核实。对第一种所得额，按各法人及发行公债地方团体或发行社债公司报告调查决定。第一种第一项所得税以各法人事业年度终了后两个月内为纳税期，第一种第二项所得税由发行公债的地方团体或发行社债公司于给付利息时依率扣除，汇交至主管官署；第二种所得由所得者于每年 2 月预计全年所得额报告主管官署，2 月以后有新的所得发生应随时以其预计全年所得额申报主管官署。由主管官署每年就第二种所得者的报告或虽未报告而认为有纳第二种所得税义务的，交调查所得委员会调查决定。第二种所得税每年分两期交纳，第一期为 7 月份，第二期为次年 1 月份。主管官署对第一种第一项及第二种所得额决定后须通知纳税人，纳税人收到通知后如果不服可在 30 日的期限内说明理由，请求主管官署审查，主管官署须交审查委员会审查决定。

　　从《所得税条例》的主要内容可以看出，所得税的征收考虑到了法律的严密性，不仅有申报征收程序，而且还有调查和审查程序。但也有不少疏漏，如条文中没有罚则，这说明中国所得税初期的立法较为简单，亦缺乏经验。

　　民初《所得税条例》虽然得以颁布，但开征阻力重重，各方反映征课范围过广，征课手续过繁，不易推行，结果不了了之。1915 年，民国财政部又拟订呈奉大总统批准颁布了《所得税第一期施行细则》，计十六条，该细则先就条例征收范围中择定数种作为第一期施行，于同年8月8日呈大总统批准公布，从1916年1月起施行。征收范围一是当商、银钱商、盐商及由官特许或注册的公司、行栈；二是议员岁费、官公吏俸给、年金、给予金及律师、工程师、医生、药剂师的薪给。因袁世凯称帝，各地纷纷起义，政局紊乱不堪，《所得税第一期施行细则》最终未能真正实施，最后于1920年9月15日废止。

1919年，北京国务会议修正原条例的税率提案提交国会，审议院以为此项税法应等预算决定后再行付议。财政部于1920年7月5日设立所得税筹备处，派项骧为主任，积极筹划开征。同年9月15日，大总统明令《所得税条例》自1921年起施行，同时废止《所得税第一期施行细则》，另订《所得税分别先后征收税目》，并于1921年1月6日公布。1921年，财政部明令公布《所得税条例施行细则》《所得税调查及审查委员会议事规程》《所得税征收规则》《所得税款储拨章程》《金库经理所得税款章程》等。财政部还通电各省财政厅自行估认，以便预计收数。又规定所得税实收款分作十成，以七成振兴教育，三成提倡实业。各省自认所得税额，计湖北省25万元、浙江省40万元等。其中，《所得税分别先后征收税目》规定自当年1月起对五项所得先行课税：一是官公吏俸给、公费、年金及其他来自公家的给予金；二是依法注册公司、银行、工厂的所得；三是官府特许商号、行栈的所得；四是银号、钱庄、金店、银楼的所得；五是资本在2万元以上普通商店的所得。有四项所得暂延期限课税：一是公债、社债利息；二是从事各业者的薪给；三是存款放款利息；四是由不征所得税法人分配的利益。而田地池沼所得与个人一般所得两项则延期课税。

方案公布后，立即在社会上引起巨大反响，要求缓办所得税之声不断。[1]各省议会及商会等接连电请缓征，各地大多等待观望，财政部不得已电令除官俸所得税外，其余均暂缓征收。官俸所得税的税级分为65级，自月收入42元起征，至月收入1500元止，税额从全年应纳税额2分至272.50元。官俸所得税首先在北京开征，1921年仅实收税款10310元。[2]应该看到，虽然官俸所得

---

① 吴兆莘：《中国税制史》，商务印书馆1937年版，第225－226页。

② 国家税务总局：《中华民国工商税收史纲》，中国财政经济出版社2001年版，第116页。

税征收很不理想，且多为官吏薪俸扣缴部分，而且因财政日绌，欠薪成为常态，加之天下大乱，官俸所得税也就没了着落，但这是我国实征所得税的开端。其后，财政部遂将所得税筹备处撤销，在赋税司内增设第六科办理所得税事项。后来由于政局动荡，所得税开征陷于停顿状态。[①]

2.3.2 清末民初施行所得税失败的原因

清朝末年和民国北京政府时期筹议与创办所得税，既受到当时民智低下、经济不发达、社会动荡等环境的影响，又受到所得税内容较为复杂、工商各业组织不健全、新式记账方式未推广等所得税本身性质的制约，还受制于当时政府缺乏实施决心和力不从心。[②] 筹议与创办所得税的失败，有政治、经济、社会、财税体制本身等多方面原因。

2.3.2.1 政局不稳，政治混乱

一是政局动荡。清末内忧外患纷至沓来，王朝已到垮台的末日，政权尚且不保，引进新税制失败可想而知。民国以来政局变动多达十余次，地方各自为政，多呈割据状态，中央命令难以较好地贯彻执行。国家政局不稳定，法制不健全，地方与中央不能合作，法令多数时候等于一纸空文。而政府本身也未能认清推行所得税的重要性，朝令夕改，造成错失了一些推行机会，这是所得税屡倡屡辍的最大原因之一。二是政治体制不适应。所得税能否有效实行，与税收征管手段的优劣密切相关，而征管手段取决于行政和社会管理的好坏。如财产登记、所有权的限制、职业调查、户口调查等是否比较到位，都是所得税能否推行的重要条件。我国当时几乎没有对所得税相关因素进行研究，因此，筹办所得税没有较好的理论和有效的社会管理机制支撑，财产不明、户口职业不清、姓名混乱等制约因素很多。三是来自社会富有阶级的阻力。作为间接税的消费税，谁消费谁负税，因此，需要为生存而消费的贫民也负担了很大一部分税。而所得税是直接税，多对所得较多者征收，且不能转嫁，贫者不负担或负担很少，富者负担大部分，单按能力原则来说，富有阶级亦应纳重税。但无论

① 饶立新、曾耀辉：《清末民初引进西洋税制的尝试》，《涉外税务》，2008 年第 8 期。
② 李俊豪：《所得税问题研究》，《民钟季刊》，1936 年第 2 卷第 1 期。

中外，富有者均为政治上与社会中的统治阶级或为统治者所依托，拥有税法的制定权和征免权。中国所得税之所以难以实行很大一部分原因是富裕阶级恶势力阻挠的结果，因此，所得税的推进，遭遇了极大困难。以上情形，考诸史记，古今中外皆同。① 另外，所得税普遍原则与公平原则决定了各国所得税大都对国家以内的任何人课征，而中国因受不平等条约束缚，国家主权不完整，外国人当时在我国有特殊地位和势力，让外国人缴纳所得税难上加难，更由于外国租界大量存在，也无法使租界内的中国人缴纳所得税，促使租界外的资本向租界内转移，对整个国家的经济发展影响深刻。

2.3.2.2 实业不发达，经济组织落后

税收制度的实施无不以经济发展为基础。"近代的所得税，是资本主义的产物。"② 所得税征收对象是人们的收益，因此，所得税收入要达到较可观的程度，必须国家经济繁荣，生产事业发达。而我国在清末民初经济的发展却没有达到可提供充裕所得税税源的程度。首先，实业不发达。所得税产生的首要条件是工商业有比较大的发展，这样法人和国民的所得才会不断增多，从而所得税税源越来越充实。中国社会自古以农业为主，虽然从鸦片战争以后工商业有所发展，但生产形态多未脱离手工业，离工业化目标还很远，出口产品多是原材料，进口产品多是工业成品，两者利差不可比拟，国民多数在贫困线以下挣扎，富裕者所占比例很少。所得税的征收办法，除采取所得源泉扣缴外，其他所得征收手续都较复杂，若城市发达程度不高，资本人口分散，要征收较理想就很困难。我国幅员宽广，由于实业不发达，造成资本及人口较为分散，如果征收机关选择重要地区设立，课税便不能普及，普遍设置则税收征收成本高。其次，经济组织落后。所得税实施的重要条件是资本主义经济组织发达，而当时中国生产形态大多数还停留在农业和手工业阶段，政治腐败，社会不安定，交通闭塞，运输不便，加上苛捐杂税负担过重，许多人生活艰难，具备所得税纳税资格的很少。经济虽然有所改进，少数较发达都市变成了外国帝国主义的"十里洋场"，消费方式也逐渐时代化和全球化，但生产组织并无显著改

---

① 杨昭智：《中国所得税》，商务印书馆 1947 年版，第 41 页。

② 崔敬伯：《所得税实施问题》载崔敬伯：《财税存稿选》，中国财政经济出版社 1987 年版，收入邹进文：《民国财政思想史研究》，武汉大学出版社 2008 年版，第 205 页。

进。经济组织的落后，增加了清末民初推行所得税的难度。而经济组织落后的一个显著特点，则是绝大多数实业没有使用现代企业会计核算方法。要核实清楚经济组织的所得以作为征税的确实根据，必须按照与所得税相适应的会计核算方式进行经济核算，而当时除极少数银行、外资公司以外，企业大多使用传统的简易簿记，所得额难以真实准确核算，所得税征收要取得预期效果也就难上加难。①

2.3.2.3　民众抵触赋税，社会了解新税不够

清末民初推行所得税失败还有其深刻的社会原因。一是民众长期以来存在厌恶赋税和因循守旧心理。中国自古以来即为专制国家，从来就没有纳税人享有权利的规定，只有纳税的义务，纳税人纳税后无权过问税究竟用于何处，难以因纳税享受到任何益处，纳税也就只能是被动和不情愿的。民众之所以能够完粮纳税，是因为害怕受到法律的制裁，并不觉得赋税是每一个国民应当承担的共同经济负担。而统治者和统治阶级也大多认为搜刮民众是当然的，往往横征暴敛无所顾忌，这更增添了民众对赋税的厌恶。虽然所得税这样的直接税比更不公平的间接税要好得多，但由于税收征上去后跟自己无多大关系，在纳税人心里同样是不情愿的。另外，固有的惰性也使社会和民众对开征新税有心理抵触，从政府来说，由于旧税是"既成事实，已养成民众纳缴此税之意识与习惯，虽苛亦不致反对，若创新税，虽公平合理，亦必受剧烈之阻挠"。② 从民众来说，普遍认为征收新税对于政府是一种收入，对于个人则是一种牺牲。既然是一种牺牲，人们只有躲着它，谁还欢迎它。③ 厌恶赋税和因循守旧心理是人类所共有的一种心理，当政府创办新税时，无论是否合理，人民大都会反对，推行以后也会出现不少公开抗税或偷逃税行为。政府横征暴敛与民众缺失租税道德共识造成纳税意识不强，抵制情绪浓厚。二是民众税收知识普及低。在进步社会中，许多民众会认识到财富分配不均是社会进步的一大障碍。民众对税收知识有相当的了解，盲目反对有利于调节社会贫富不均的所得税及逃税现象就会较少。人们对税收知识的了解、国家观念的增加，对所得税顺利推行

---

①　胡芳：《民国时期所得税法制研究》，江西财经大学硕士学位论文，2010 年。
②　杨昭智：《中国所得税》，商务印书馆 1947 年版，第 44 页。
③　崔敬伯：《推行所得税的人事问题》，国立北平研究院经济研究会 1937 年版，第 3 页。

有很重要的作用。清末民初，民众反对开征所得税，理由无非是增加民众负担，致使民生凋敝和社会经济枯竭，但这种理由却不太合理。因为所得税是以有纳税能力的所得收入者为课税对象，并不增加一般贫民负担，所得少的人少纳税或不需要纳税，不会造成民生凋敝。在几乎所有的所得税规定中，都有按照所得多少差别征税的规定，如勤劳所得实行轻税，最低生活费及扶养费减免，尽力消除不堪重负的弊端，不但对贫民无害，而且国家若将税收用在发展工商业、举办社会事业等方面，能够增加民众福利，使人民生活得到改善。如果人们反对所得税的征收，国家因为缺乏支出必须提高税负不公平的间接税，结果使全体人民都来负担，社会负担不公平就会更加严重。但是，由于税收知识普及程度不高，民众不明白直接税与间接税在税理和税收负担上的区别，致使清末民初每次推行所得税民众方面的阻力都很大，即使1915年财政部公布的《所得税第一期施行细则》把课征对象仅限制在议员、官吏、医生、大商巨贾、经纪人等官僚和资产阶级这样较小的范围内先期实行时，也遭到多方反对，致使无法施行下去。

2.3.2.4 财税体制不合理，利益分配不均

民国北京政府所得税收入在财政预算中划定为收入由中央政府支配的中央税，这很不切合当时中国中央政府号令不畅、地方各自为政的实际。"按原规定，本极详明，惟各省财政厅及各种法院以中央须统收统拨，则地方实在可得若干，并无确数，而课税以经验实行，则按率征收，无可解免，以是相率观望，延搁不办。且各地方经费，本以收支不敷，无可抵补，时感困难，今若存有的款，一经收起即可分成支用，自必尽力相赞，推行新税，无虞困难。"①中央虽然大张旗鼓推行所得税，地方因无确实的利益分配，或阳奉阴违，或根本不予配合，所得税的推行频频受阻。

---

① 杨昭智：《中国所得税》，商务印书馆1947年版，第41页。

第 3 章

民国国民政府施行所得税的历程

3.1 国民政府施行所得税的曲折情形

中华民国自 1912 年建立以后，长期以来财政不仅混乱，而且赋税制度也极不合理，间接税为主体的税制格局没有得到改变。1925 年 7 月 1 日，广州国民政府正式成立，随后加紧筹备和实施北伐，1927 年 4 月 18 日，南京国民政府成立。1928 年 12 月 29 日，张学良宣布"东北易帜"，民国北京政府垮台，全国实现了南京国民政府形式上的统一。南京国民政府成立之初，赋税制度不合理的状况仍没有多大改变，中央政府财政依靠以国际贸易为基础的关税收入和以手工业及国内商业为基础的盐税与统税收入，以及以金融市场为基础的债款收入；地方政府财政则主要依靠以农业为基础的田赋收入和以手工业及国内商业为基础的营业税收入等。无论是中央税制还是地方税制，都是以间接税为中心的租税制度。国民政府财政部长孔祥熙认为，这种税制"实非完善税制，不足以支应近代之财政支出"。[①] 在国民政府的中央税收收入中，关税、盐税、统税三种消费税性质的间接税收入占总收入的 80% 以上。消费税的税收负担不公平，贫民消费纳税与富人同等，违反现代赋税原理，缺点很多。而在中国，富人只是少数，贫民占大多数，征收消费税不仅加深了他们的贫困程度，国民的消费能力也很有限，消费税性质的税收收入也有限。同时，间接税

---

① 孔祥熙：《对党政训练班讲词》（1939 年 3 月），载《孔庸之先生演讲集》，第 222 页。

制度伸缩性不大,一到战时等非常时期,难以增收所需的财力,"即在国家的生存上也含有很大的危险"。① 因此,中国财政要想走入良性循环,税制必须从以间接税为主变成以直接税为主。但是新的轮子转不起来,旧的税制是不会废除的。② 国民政府成立后,不少有识之士就认识到,必须适时对中国的赋税制度进行改革,推进直接税的建立。而直接税推行的重中之重便是所得税的实施。

3.1.1 国民政府初期施行所得税的尝试

民国国民政府随着北伐胜利,定都南京后,着手开始整顿财政,改革税制。南京国民政府初期,时任财政部长古应芬在制定国地税收入标准的原案第三条中,就将所得税列为国家将来新收入的第一项。古应芬在随后提出的所得税暂行条例意见书中对该税大加推崇:所得税主义,渐成现代赋税制度中坚,英美既提倡于先,法意复推行于后,今东南已定,百度维新,宜采各邦成规,修正条例,切实施行;近世列邦税法,咸取社会政策,不但求国计之欲,亦且期民生之丰,则吾国施行所得税法,实不容稍缓。③ 1927 年,国民党第 103 次中央政治会议也曾议决关于施行所得税事项,但当时因战事仍然频繁,政局未稳,政府只有初步开征打算,并没能立即付诸实施。

南京国民政府在拟议施行所得税的同时,为准备党员抚恤金,国民党中央党部决定施行公务员所得捐。国民党第二届中央第 101 次常务会议在 1927 年 6 月 24 日修正通过《所得捐征收条例》,共六条,于同年 8 月 18 日颁布。条例规定,向国民党各级党部人员和国民政府中央及地方各级机关工作人员征收所得捐,按月征收率共分 9 档:所得在 50 元以下免征;51 ~ 100 元征 1%;101 ~ 200 元征 2%;201 ~ 300 元征 3%;301 ~ 400 元征 4%;401 ~ 500 元征 5%;501 ~ 600 元征 6%;601 ~ 700 元征 7%;701 ~ 800 元征 8%。国民政府及其直辖各机关由中央党部秘书处会计科直接承担所得捐征收职责,省政府、特别市

---

① 孔祥熙:《所得税的特点及政府筹办的情形》(1936 年 9 月),载《孔庸之先生演讲集》,第 169 页。
② 崔敬伯:《推行所得税的人事问题》,国立北平研究院经济研究会 1937 年版,第 2 页。
③ 国家税务总局:《中华民国工商税收史——直接税卷》,中国财政经济出版社 1996 年版,第 12 页。

政府及其直辖各机关由所属省党部或特别市党部征收后汇解至中央党部会计科，县政府及其直辖各机关由县党部征收，并逐级汇解至中央党部会计科。经国民党中央常务委员会决议，所得捐从 1928 年 4 月起开始征收。国民党第三届中央第 12 次常务会议于 1928 年 5 月 16 日通过《所得捐征收细则》，共十八条，具体规定了所得捐征收与报缴手续等。所得捐共实施 9 年，每月收入 17 万元左右，每年约 200 万元。①

3.1.2　所得税条例和细则的拟订与搁置

为推进财税制度改革，正式施行所得税，民国国民政府财政部拟订了所得税条例意见书，条例二十八条、施行细则十七条。连同推行步骤等数项草案，提交于 1928 年 7 月召开的第一次全国财政会议讨论。经会议议决同意适时施行，并议定未来施行时由所得税委员会核议，但决而未行。②

1914 年 1 月，民国北京政府曾颁布过《所得税条例》，并在 1921 年颁布《所得税分别先后征收税目》及《所得税条例施行细则》，国民政府的《所得税条例草案》和施行细则草案是以其作为基础，在以下方面作了修改：一是将法人所得课税税率从 20‰减为 12‰；二是将第二种所得免税额从 500 元提高到 1000 元；三是施行细则草案亦仿照前《所得税分别先后征收税目》明确推行步骤，将各项所得划分为先行课税、暂缓课税和从缓课税三种类型，并将第二种所得分为经营农工商业利益所得、土地房屋所得、股票及债务利息所得、资本红利所得、各项薪给报酬所得、国家及地方官吏俸给和年金及给予金所得、不属于前列各项所得等七项，根据实际情况和时势发展作了较为详细的划分。

1928 年 7 月，全国财政会议通过了《划分国家收入地方收入标准》，同年，国民政府于 11 月 20 日通令照办。该收入标准第三条"将来新收入之划分"中，将所得税划分为将来国家收入的第一项。③

1929 年 1 月，国民政府财政部将 1928 年拟订的《所得税条例草案》重新

①　金鑫等：《中华民国工商税收史》直接税卷，中国财政经济出版社 1996 年版，第 13 – 14 页。
②　朱偰：《所得税发达史》，正中书局 1947 年版，第 133 页。
③　孔庆泰：《国民党政府政治制度档案资料选编》，安徽教育出版社 1994 年版，第 207 – 208 页。

作了修正。主要修正之处是：将国债利息列为课税范围；法人所得课税改为全额累进税率，并以盈利占资本总额比率为课税标准使用不同的全额累进税率，全年盈利不及资本总额 10% 的免税，盈利占资本总额 10% 以上最低档课 10‰，占比越大税率递增，且没有最高税率的限制；第二种所得免税额提高为 2000元，仍采用超额累进税率，全年所得在 2001 元以上最低课 5‰，税率依次递增，也没有最高税率的限制。

在所得税条例与实行细则草案重新修正并考虑实施之际，却遭到财政部聘请的以甘末尔等为首的美国财政金融专家组成的设计委员会的反对。反对理由是，所得税的性质和私人账目现状，特别是行政效率薄弱决定了中国目前既不适宜推行综合所得税，也不适合采用分类所得税。中国已具备他国适于所得税的条件后，中国当然可以采行所得税，但初时仍须在局部推行及先行试验。1930 年 11 月，该委员会又提出《税收政策意见书》坚持其主张。1929 年，所得税欲行未果，以后迟迟未敢倡议实行，应是受到该委员会意见的不少影响。[①] 虽然该委员会的见解过于片面，没考虑到许多西方国家推行所得税时亦不具备完全的开征条件，所得税的施行大都是一个渐进的过程，但这些"外来和尚"对当局影响很大，成为所得税开征动议遭到搁置的重要原因之一。然而也应该看到，所得税开征受阻，最根本的原因还是开征条件不太具备，难于实行。[②]

3.1.3　所得税施行前的准备

3.1.3.1　立法准备

国民政府为改革税制，正式施行所得税，于 1934 年 5 月召开了第二次全国财政会议。会后，财政部长孔祥熙即指派赋税司司长高秉坊和整理地方捐税委员会委员梁敬镦锌（后分别为所得税筹备处正副主任）等负责筹划施行所得税事宜。在经过一年的准备之后，他们拟就创办所得税原则及所得税条例草案，于 1935 年 5 月 13 日由财政部呈请行政院审议。行政院核转国民党中央政

---

① 潘序伦、李文杰：《所得税原理及实务》，商务印书馆 1937 年版，第 106 – 107 页。
② 蔡问寰：《所得税的开徵及其前途》，《时代论坛》1936 年第 1 卷第 9 期。

治委员会审议后，经 1936 年 6 月 24 日第 16 次中央政治委员会议决创办所得税原则 8 项，主要内容为：所得税为中央税，收入分配依财政收支系统法的规定；营利事业所得、一时营利事业所得、证券存款所得三类所得先行施行所得税；免税范围应分别列举；所得税课税方法以采用累进制为主；采取申报、调查、审查三种程序决定所得税应纳税额。之后，财政部依照原则分别修正原条例草案，并再呈行政院转立法院审议。立法院于 1936 年 7 月 9 日制定《所得税暂行条例》，由国民政府于 7 月 21 日明令公布。《所得税暂行条例施行细则》由行政院于 8 月 18 日复通过，以院令于当月 22 日公布。9 月 2 日，国民政府颁发明令，条例和细则定于当年 10 月 1 日起施行。

相比于 1914 年 1 月民国北京政府曾颁布的《所得税条例》，国民政府颁布的《所得税暂行条例》与之在税率设置、计算方法、免税项目等方面有较大的不同。在税率设置上，北京政府条例主要采用比例税率，国民政府条例则主要采用全额累进税率或超额累进税率，相比之下税负更显公平。在计算方法上，北京政府条例规定第一类乙项所得以其利息的全额为所得额，第二类个人所得以收入的全额为所得额；国民政府条例则规定第一类乙项所得以实际所得的纯利为所得额，自由职业者的个人所得可以减除其业务上的必需费用。北京政府条例免税项目有六项，而国民政府条例免税项目则达到九项。[1]

3.1.3.2　机构准备

国民政府财政部于 1936 年 7 月 1 日成立直接税筹备处，高秉坊任筹备处主任，负责筹划所得税开征事宜、草拟订立所得税稽征法令、设立机构以及安排人员。该处成立后，即设立中央直接税税务人员训练班，以加快培训直接税骨干力量。第一期训练班共培训人员 80 人，经严格培训毕业者 68 人，分发各处试用三个月。[2] 同年 10 月 1 日所得税在部分地区开征后，为集中事权起见，遂将原直接税筹备处改组为所得税事务处，又在上海、江苏、浙江、湖南、湖北、四川、甘肃、陕西、青海、福建和江西等省设立所得税办事处，负各省市

---

① 李俊豪：《所得税问题研究》，《民钟季刊》1936 年第 2 卷第 1 期。

② 胡毓杰：《我国创办所得税之理论与实施》，经济书局 1937 年版，第 24 页。

所得税推行之责；在省办事处以下的重点县设立区分处，区分处以下再酌设查征所。国民政府后又于 1940 年 3 月 26 日发布直接税处组织法训令，将所得税事务处改组为直接税处，统管各种直接税。① 所得税机构的搭建，为该税的顺利开征提供了较好的组织保证。

3.1.3.3　舆论宣传准备

在所得税开征之初，各界仍然有不少反对和质疑之声，一些学者也认为所得税的开征条件不成熟，抵制力量将会很大，开征又将难产。其中有位学者预言："我们可以大胆地说一句话，《所得税暂行条例》所能够实现的，恐怕只有那些最不重要的部分，换句话说，就是那些抵抗力最小的部分，至于要想全部或主要部分的实现，恐怕在碰到许多不可超越的困难的打击之后，只有感到幻灭的悲哀！"② 国民政府吸取以往每次施行所得税即遭社会非议和抵制的教训，在推行所得税过程中特别注重开征的宣传和舆论引导工作，努力减少思想障碍。国民政府主席、行政院长、财政部长等中央层面的首长和各省市相关长官，利用各种场合在所得税开征前后发表广播讲话、作报告，反复宣传所得税的优点、作用、相关规定与要求。国民政府主席林森亲自作关于推行所得税的演讲，他宣传了所得税的长处后指出："所得税是一种最好的税制，既公平普遍，而且收入也稳定，又不致妨碍人民生产实业的发展，各国都早已实行。将来我们实行有效，并且可以把一切不良之税制逐渐来废除，这正是我国财政走上轨道的先声。希望各位注意，大家一致来提倡，来扶助！"③ 专家、学者也纷纷著书立说、发表文章，在理论上阐明开征所得税的重大意义，介绍所得税知识。如李彬在其著作中指出："凡吾商人，一方面应督促政府为公平适当之措施，同时亦应具有相当之认识，以完成其国民应尽之纳税义务。"④ 并提醒纳税企业："我国所得税营利所得部分，自明年一月一日起开始纳税，距今为时已极短促，各厂商亟应早为准备，以免临时仓促。照各厂商目下情形而论，

---

① 中国第二历史档案馆：《中华民国工商税收史料选编》第四辑（上册），南京大学出版社 1994年版，第 583 页。

② 蔡问寰：《所得税的开徵及其前途》，《时代论坛》，1936 年第 1 卷第 9 期。

③ 胡毓杰：《我国创办所得税之理论与实施》，经济书局 1937 年版，第 1 – 3 页。

④ 李彬：《所得税纳税便览》，中华书局 1937 年版，第 119 页。

应即准备之事项有下列二端：（一）改良不完备之簿记，设立正确之簿记……（二）迅速估定资本数额呈请注册或呈请变更注册……"[1] 报纸、杂志、广播等新闻媒体亦纷纷发表评论和文章予以支持，宣传和普及所得税，并批驳部分外国人反对征收所得税的种种言论。街头巷尾普遍张贴各种宣传所得税的标语，对所得税的立法十分慎重。[2] 由于宣传和引导比较深入，使全国上下逐渐统一了思想，大多数人认为所得税势在必行。

3.1.4 筹办所得税过程中的不足之处

国民政府积极筹办所得税，取得了比较大的进展。但在筹办过程中，也存在明显不足。

一是征收所得捐的相关规定显得较为粗糙，有些地方还考虑不周。如在征收率档次上缺少了按月所得在 800 元以上的档次。虽然 1929 年 8 月 21 日修正的文官俸给条例规定，特任（部长及委员会委员长）俸额为 800 元，但实际上超过了这个数。而且当时兼职、兼薪之风盛行，同一人的薪俸由于没有按其负担能力合并征收，薪俸多的往往纳税反轻，不合乎赋税公平原则。因此，不少人对征收所得税多有烦言，大都视其为不得已的过渡办法。[3] 所得捐虽由国民党中央党部施行，其目的是筹备党员抚恤金，但征收范围较广，凡是公务人员都要缴纳，带有强制和固定的税收性质，实为后来开征的薪给报酬所得税前身，可以说是政府开征所得税的一种过渡办法。[4] 所得捐与民国北京政府在1921 年开征的官俸所得税有类似之处，而且都实际征收到税捐，为所得税正式施行积累了经验。看来所得税最容易征收的项目就是官俸所得这一块，因为征收对象和征收额都比较好确定，而且由于可在发薪时由薪金发放单位源泉扣缴，征收也比较方便。现行个人所得税中工资所得一项的税收占很大比重，也是同样的道理。

二是 1929 年 1 月拟订的《所得税条例草案》重新修正时，虽然总的来说

---

① 李彬：《所得税纳税便览》，中华书局 1937 年版，第 116 – 117 页。

② 邹进文：《民国财政思想史研究》，武汉大学出版社 2008 年版，第 216 页。

③ 朱偰：《所得税发达史》，中正书局 1947 年 1 月版，第 135 页。

④ 李俊豪：《所得税问题研究》，《民钟季刊》，1936 年第 2 卷第 1 期。

更符合当时经济社会实际，但最高税率没有限制从理论上说征税率可达到或接近100%，显然是不合适的。

三是在筹办当中过于迷信外国专家的意见，对外国专家提出的过于苛求的施行所得税主客观条件没有进行认真细致的分析研究，即迁就其意见，致使所得税的正式施行比预期晚了好几年。

四是从《所得税暂行条例》颁布到正式开征所得税时间过短，开征准备不足，特别是所得税征收机构的搭建过于仓促，且许多地方的征收机构到所得税正式开征后还没有组建，影响了所得税的按时开征和普遍征收。

3.2　国民政府所得税制的施行过程

中国虽自清朝末年就有人建议开征所得税，因内乱频繁、政局不稳等种种原因，一直没有正式开征。直至20世纪30年代以后，政治、经济、社会各方面条件逐渐具备，而国难时期财政困顿亦推波助澜，至此正式施行所得税就如箭在弦上。国民政府制定的《所得税暂行条例》，将应税所得分为营利事业所得、薪给报酬所得和证券存款利息所得三类，在政府明令施行所得税后，第二类中的公务人员薪给报酬所得及第三类中的公债及存款利息所得先于1936年10月1日起开征，其余各项均于1937年1月1日起开征。① 所得税在中国酝酿议办30余年后，终于正式进入实施阶段。

3.2.1　立法宗旨与阶段性特点

3.2.1.1　立法宗旨

推行所得税，是为了达到革新税制、整理财源的目的。国民政府财政部在1935年5月13日呈请行政院审议的创办所得税原则及所得税条例草案报告中指出："谨查近代租税制度，均侧重于直接税之推行，而直接税中之主要税源，尤以所得税为最。考所得税之优点，在其税率公允，足以平衡贫富之负担，税源普及，足以支柱国库之收入。我国自前清末季，即有创办所得税之

---

① 高秉坊：《中国直接税史》，财政部直接税处经济研究室1943年版，第86页。

议，民国以来，关于所得税之进行，亦均时有拟议，顾屡倡屡辍，迄未观成，始终为税法之研讨，未遑作实际之推进。际兹革新税制，整理财源之时，此种税制之实行，允不宜缓。惟是我国以经济情形，人事组织及调查统计等关系，推行所得税，势不能不首先注意及现实状态，制定一种切合实际、简易可行之所得税制度，以养成国人纳税之习惯为目的。然后循序渐进，跻于完备，以实验求改革，由单纯而演进，庶几事实理论，两能兼顾。兹谨参酌各国以往之成规，体察国内经济之实况，拟具所得税原则、所得税暂行条例草案各一件，附具说明，依照立法程序，送请核定，分别呈转，早于公布，以利进行。"[1] 从中可以看出，国民政府初期所得税的立法宗旨为促进税制改革，整理财源，税制力求切合国情，简单便利，注重实效，循序渐进，尽早实行。

3.2.1.2　阶段性特点

国民政府吸取以往推行新税种的经验教训，对所得税的立法十分慎重，以期便于推行，利国而不扰民。国民政府颁布的《所得税暂行条例》及《所得税暂行条例施行细则》有以下阶段性特点。

1. 采用分类所得税制，征税范围较窄。

世界上经济较发达国家一般采用综合所得税制，这种税制有利于对全部所得进行课税，真正实现所得多的多征、所得少的少征或不征的所得税公平合理原则，但前提必须能够基本核实纳税人全部所得。而当时中国经济社会仍不发达，且一直没有成功施行过任何所得税，显然不具备实行综合所得税制的条件。因此，国民政府为了顺利推行所得税，采取了较为切合实际又简便易行的分类所得税制。应税所得的认定采用住所主义兼经济所属主义，凡住在中国境内的人民，所得在国内支付者，所得来源不问出自本国还是外国凡均应征收所得税；公务人员、自由职业者及从事其他职业者的薪给报酬所得，均应照章报缴所得税，没有国籍、职务或业务的分别。[2]

《所得税暂行条例》按性质将所得分为营利事业所得、薪给报酬所得、证券存款所得三类。第一类营利事业所得又分为甲项公司、商号、行栈、工厂或

---

[1]　金鑫等:《中华民国工商税收史》直接税卷，中国财政经济出版社 1996 年版，第 20 页。
[2]　潘序伦、李文杰:《所得税原理及实务》，商务印书馆 1937 年版，第 110 - 111 页。

个人资本在 2000 元以上营利所得、乙项官商合办营利事业所得、丙项一时营利事业所得等三项。第二类薪给报酬所得包括公务人员、自由职业者及从事其他职业者薪给报酬所得。第三类证券存款所得含公债、公司债、股票及存款利息所得。从所得税课税范围来看，仅就列举的营利事业所得、薪给报酬所得及证券存款所得三类征收，而且规定营利事业资本要在 2000 元以上才列入课税范围，课税范围较窄，目的是为了在开征所得税初期便于推行。

2. 税率较低。

1936 年颁布的《所得税暂行条例》规定的税率总体来说偏低。如营利事业所得中，第一类甲、乙两项营利事业所得征税税率采用全额累进制，所得能按资本额计算的税率为：所得占资本实额 5% 未满 10% 的征 3%，所得占资本实额 10% 未满 15% 的征 4%，所得占资本实额 15% 未满 20% 的征 6%，所得占资本实额 20% 未满 25% 的征 8%，所得占资本实额 25% 以上的一律征 10%，即最高税率为 10%，大大低于其他发达国家（英国 1931～1932 年工商及其他所得普通所得税税率为 25%；附加所得税税率最低为 5.5%，最高为 41.25%）[①]，也远低于我国现行的企业所得税基本税率 25%。薪给报酬所得税税率采用超额累进制，税率最低档每月平均所得 30～60 元者，每 10 元课税 5 分，即 5%；最高档每月平均所得超过 800 元以上时，其超过额每 10 元课税 1.2 元，每超过 100 元的部分，每 10 元增课 2 角，至每 10 元课税 2 元为最高限度，即 20% 为最高税率。而我国现行工资、薪金所得税最低税率也是 5%，最高税率则达到 45%。第三类公债、公司债、股票及存款利息所得税税率采取比例制，无论所得是多少均按 5% 课税，而现行利息、股息、红利所得适用税率为 20%，为民国时的 4 倍。在所得税推行初期，税率设定较低对顺利推行来说比较得当，有利于减少推行阻力，其他先行推行所得税的国家也大都在施行初期采取税率的办法，然后随着经济的发展和社会的认同程度提高而逐渐提高所得税税率。如美国施行所得税之初，所得 600 美元以上至 1 万美元以下税率仅为 3%，所得 1 万美元以上税率也只有 5%。1931～1932 年，工商及其他所得普通所得税税率一般为 8%；附加所得税税率最高则达到 55%。[②]

---

① ［日］汐见三郎：《各国所得税制度论》，宁柏青译，商务印书馆 1936 年版，第 38、43－44 页。

② ［日］汐见三郎：《各国所得税制度论》，宁柏青译，商务印书馆 1936 年版，第 80－83 页。

3. 减免税项目较多。

所得税开征之初，《所得税暂行条例》《所得税暂行条例施行细则》和其他法令规定所得减免的项目达十余项。《所得税暂行条例》规定，第一类营利所得资本不及 2000 元或所得占资本实额未满 5% 者免税；第一类中的一时营利所得能按资本额计算其比率的同样免税，不能按资本额计算比率，其所得未满 100 元者亦免税；不以营利为目的的法人所得免税。第二类薪给报酬所得免征的有：每月平均不及 30 元；军警官佐士兵及公务员因公伤亡获得的抚恤金；小学教员的薪给；残废者、劳工及无力生活者的抚恤金、养老金及赡养费。下列第三类证券存款所得免征：各级政府机关存款；公务员及劳工的法定储蓄金；教育、慈善机构或团体的基金存款；教育储金每年所得息金未达 100 元的部分。

《所得税暂行条例施行细则》规定：驻在中华民国境内各国外交官的所得免予征税；在中华民国境内居住未满一年的外国人，其所得来源不出自民国境内者免予征税。以上规定适用于外国对于中华民国有同一待遇者。

国民政府对所得税法令作出的解释中亦有免税条款：各种合作社其组织如确依《合作社法》成立，经审核其性质、组织、成分、业务范围确不以营利为目的，经向当地主管税务机关呈验登记证后，可酌情决定征免。收取金、银类的手续费、炼铸费，原含有政策贴补代兑机关费用的性质，应免予课税。①

4. 征管方法力求简便易行。

所得税的征管包括基本情况报告和纳税申报、调查与审查、税款征收、惩罚与奖励等方面，亦基本遵循简便易行的原则，但有些规定也存在不太妥当的地方。

1）基本情况报告和纳税申报。《所得税暂行条例施行细则》中规定：股份有限公司或股份两合公司发行股份时，应将股份总额、股票种类、每股金额、营业年度报明当地主管征收机关；已发行的股票应由各该公司于 1936 年 10 月 1 日起 1 个月内将前项应报事项报明当地主管征收机关。公司、商号、行栈、工厂及营利的个人，应于 1936 年 10 月 1 日起 1 个月内将姓名、住址、

---

① 中国第二历史档案馆：《中华民国工商税收史料选编》第四辑（上册），南京大学出版社 1994 年版，第 106 页。

营业资本或股本实额报明当地主管征收机关。

按照《所得税暂行条例》的规定，所得税的申报征收采用报告法（又称申报法）和课源法（又称扣缴法）。第一类甲、乙两项营利事业所得税采用报告法，丙项一时营利事业所得税有支付所得机关的采用课源法，无支付机关的采用报告法。第二类薪给报酬所得税中公务人员薪给所得采用课源法，自由职业者及从事其他各业者自营业务所得采用申报法，由雇主支付的所得采用课源法。第三类证券存款所得税一律采用课源法。

第一类甲、乙两项营利所得，应由纳税义务者于每年结算后 3 个月内，填具所得额报告表，将所得额依规定格式报告主管国税机关。因合并、解散、歇业、清理，经结算后仍有所得者，应于结算日起 20 日内向当地征收机关申报其所得额。破产宣告后经清理仍有所得者，破产管理人依前项规定申报其所得额。营业年度变更时，执行业务的负责人应于结算日起 20 日内申报其所得额。第一类丙项一时营利事业所得，应由扣缴所得税者或自缴所得税者于结算后 1 个月内将所得额依规定格式报告主管征收机关。第一类所得的申报人在申报时，应提出财产目录、损益计算书、资产负债表或其他足以证明其所得额的账簿文据。第二类公务人员薪给报酬所得，应由扣缴所得税者和自缴所得税者按照纳税期限，将所得额依规定格式报告主管征收机关。第三类证券存款所得，应由扣缴所得税者或自缴所得税者，于付给或领取利息后 1 个月内，将所得额依规定格式报告于主管征收机关。主管征收机关对纳税人所得额的报告，发现有虚伪、隐匿或逾限未报者，可径行决定其所得额。公务人员薪给报酬所得税款，由直接支付机关长官按月代为扣缴。公债及存款利息所得税款，由付息机关业务负责人由结算息金申报时代为扣缴。①

《所得税暂行条例》及《所得税暂行条例施行细则》规定，纳税义务人不依照期限报告或怠于报告的，主管征收机关科以 20 元以下罚锾；隐匿不报或虚伪报告的，除科 20 元以下罚锾外，移请法院科以漏税额 2 倍以上 5 倍以下罚金；情节重大的并科一年以下有期徒刑或拘役。申报人对于明知不实的所得额故意申报的，除依以上规定处罚外，其有触犯《刑法》伪造文书罪情形的，

---

① 潘序伦，李文杰：《所得税原理及实务》，商务印书馆 1937 年版，第 135－141 页。

主管征收机关应报请法院法理。

2）调查与审查。《所得税暂行条例》规定，在所得税申报征收过程中有一个调查及审查程序，这对所得税这种相对复杂的税种来说是客观需要的。主管征收机关在纳税义务者报告各类所得额后，可随时派员调查。主管税务机关决定各类所得额及其应纳税额后，应通知纳税义务者。纳税义务者接到通知后，如有不服，可在 20 日内说明理由，连同证明文件请求当地主管征收机关重新调查，主管征收机关应即另行派员复查。经复查决定后，纳税义务者应即依法纳税。在市、县或其他征收区域设置所得税审查委员会，委员会设委员 3~7 人，为无给职（即不是专职），由财政部在当地公务员、公正人士及职业团体职员中聘任，任期 3 年。委员会开会时，主管征收机关长官或其代表应列席。纳税义务者接到复查决定通知后仍不服，可在 10 日内向所得税审查委员会申请审查。主管征收机关对于申请审查的税款，应存放当地殷实银行，待审查委员会决定后，依决定退税或补税，若退税应将退税款的利息一并退还。纳税义务者对审查委员会的决定不服时，可提起行政诉愿或诉讼。扣缴所得税者、自缴所得税或代缴所得税者，对于调查、复查、审查人员要求提示的凭证不得加以拒绝。征收所得税机关人员对于纳税人的所得额、纳税额及其证明关系文据，应绝对保守秘密。违者经主管长官查实或于受害人告发经查实后，主管长官应予以撤职或其他惩戒处分，并报请法院处理。纳税人如遇有营业上不便使调查所得委员闻知者，依照规定于中央特设所得税主管机关或特派员时，可请求其专司调查。① 以上各项规定形成了较严密的所得税内外部监控体系和法律救助体系。

3）税款征收。关于各类所得税的纳税期限，《所得税暂行条例施行细则》规定：第一类甲、乙两项纳税期限，应依各业每年的结算期，于每年 3 月 1 日起至 5 月末止或 8 月 1 日起至 10 月末止一次缴纳；丙项所得税于结算申报时缴纳。第二类所得税按月缴纳。第三类所得税于结算申报日起 20 日内缴纳。因合并、解散、歇业、清理经结算后仍有所得者与受破产宣告经清理后仍有所得者和营业年度变更者，应于结算申报日起 20 日内缴纳。《所得税暂行条例》

---

① 张志樑：《所得税暂行条例详解》，商务印书馆 1937 年版，第 95－104 页。

规定，纳税义务人或所得税扣缴人不依照期限缴纳税款的，主管征收机关可移请法院追缴并依下列规定处罚：欠缴税额全部或一部逾 3 个月的科以所欠金额 30% 以下罚金；欠缴税额全部或一部逾 6 个月的科以所欠金额 60% 以下罚金；欠缴税额全部或一部逾 9 个月的科以所欠金额 1 倍以下罚金。该项处罚规定有一个明显的缺陷，即所得税欠缴人若欠一年以上，不论欠缴时间多长只能处罚欠缴税款 1 倍以下，对欠缴时间长者处罚力度太小，不如现行税法对欠缴税款采取按比例加收滞纳金的办法合理，因为现行办法能使欠缴税款越长者受到的惩罚越重，有利于追缴欠税。

所得税缴纳方法为：属于第一类甲、乙两项的由业务负责人自行缴纳；第一类如有支付所得的机关，由该机关业务负责人代为扣缴；如无支付机关，由纳税义务人或其代理人自行缴纳。属于第二类的由直接支付薪给报酬的机关长官或雇主代为扣缴；无支付机关或雇主的自行缴纳。属于第三类的由付息机关的业务负责人代为扣缴。[①]

5. 经征与经收分开。

中国以往税款征收都是税款经征与税款的收款为同一机构，对税收的入库和适用缺乏制度上的监督制约，极易出现贪占挪用税款的现象，征税人员收纳转解税款也很烦琐。而国民政府施行所得税为解决以往的诸多弊端，对此作了改进，将经征和经收分开。经收机关为分财政部所得税事务处、省或隶属于行政院的直辖市所得税办事处、重点县所得税区分处（区分处下酌设查征所）三级，负责接受纳税申报、税额调查、核定与下发纳税通知书等税款的收纳和解库工作主要由银行承担，1936 年 10 月 31 日，由财政部所得税事务处与中央银行业务局、国库局签订《首届所得税款暂行办法》，确定中央银行经收所得税税款，未设立中央银行的地方则委托中国银行、交通银行以及三等邮局以上邮务机关代收。后进一步规定所得税税款由财政部所得税事务处委托国家银行或邮政储金汇业局征收，当地无以上机关的可指定其他银行、商号或处所代为征收。[②] 国民政府将所得税经征与经收分开，可谓是中国税收制度的一大改进，为现代税款征收模式的形成奠定了基础。

---

① 胡毓杰：《我国创办所得税之理论与实施》，经济书局 1937 年版，第 53－44 页。
② 潘序伦、李文杰：《所得税原理及实务》，商务印书馆 1937 年版，第 136－137 页。

国民政府所得税施行之初的法规尽管看起来较为简单，但比较切合推行初期和当时的经济社会实际，而且对征纳各方的行为以及程序作出了比较明确的规定，为顺利施行所得税打下了较好的基础。

3.2.2　所得税实施的推动情况

所得税开征前后，官方、学术界与媒体的合力造势为所得税的顺利开征作了较好的铺垫。为推动所得税在全国顺利开征，财政部颁布《财政部中央直接税税务人员考试规则》和《财政部中央直接税税务人员任用规则》，加紧招募征收所得税的税务人员，并选派干员分赴各地筹组所得税办事处。首先，于1936年10月12日在所得税税源最大的上海市成立所得税办事处。1936年11月，财政部以所得税事务处委员的名义选派一批人员分往各省筹组所得税办事处，较早成立办事处的有江苏、浙江、江西、广东、湖北、湖南、福建、四川、山东、河南等省。[①]　各省的办事处至1937年6月底都陆续建立，并在税较多的县也设置了区分处，所得税征收工作至此全面铺开。

然而，抗日战争的爆发使所得税的开征颇有些生不逢时之感。随着抗战烽火的持续蔓延，沿海与华北、华东、华中、华南等许多地方相继沦陷，而沿海一带是民国所得税的主要税源地，税收征收遭受很大影响。这些区域所得税的征收工作不能正常开展，但国民政府征收人员不畏艰险，转入地下稽征。如作为所得税主要来源地的上海，1937年11月沦陷后，上海所得税办事处即从江海关四楼迁至法租界西爱咸斯路74号，并将一部分重要簿据存放于花旗银行保险库。征收工作由调查、催征转为化整为零的办法暗中个别进行，凡平时认为良好的纳税人仍派员劝导缴税，各界人士基于同仇敌忾的爱国热情照样积极缴税，征收工作仍不间断。考虑到上海环境恶劣，求纳税人之便利起见，对营利事业所得税采取简化报缴办法，准依原报所得额缴税。由于报缴简便且税负不高，商民纳税踊跃。这虽然是特殊时期的妥协措施，但很有效，适合敌后复杂的实际情况。为方便纳税义务人缴纳税款，所得税上海办事处还于1939年采取了灵活报缴办法，凡在内地设有总分支机构，而在上海无钱交税者，准由

---

① 胡毓杰：《我国创办所得税之理论与实施》，经济书局1937年版，第23页。

商人申请给领凭证,在内地拨缴税款,施行后颇受纳税人欢迎。汪精卫伪政府1941 年 7 月在上海成立所得税征收机关后,因其负责人对新税毫无所知,纳税人亦不愿向伪政府报缴税款,仍纷纷向原征收机关纳税,致使敌伪十分痛恨。他们对上海所得税办事处工作人员采取各种手段进行残害,迫使税务人员只能隐蔽相机工作。1941 年 12 月 8 日太平洋战争爆发后,日本及汪伪政府更加紧了对上海的统治,上海的中国银行关闭,所得税征收工作也逐渐停止。上海沦陷后的所得税征收工作历时近 5 年,共征收税款近 3000 万元,其中,1937 年度为 1020 万元(全国为 2023.90 万元),1938 年度为 450 余万元,1939 年度为 630 余万元,1940 年度为 450 万元,1941 年度为 403 万余元。① 这在中国税收史上也是一段奇闻,爱国所得税征收人员用鲜血和生命为国家筹集了可观的财源,支援了抗日战争的深入开展。

抗日战争时期是国民政府财政经济大倒退时期,也是官僚垄断资本畸形发展时期。由于日本帝国主义的猖狂入侵,中国经济遭受了巨大的损失,沿江沿海一带的民族工业,其中棉纺业损失 60% 以上,面粉业损失 50% 以上,火柴业损失 53%,缫丝业损失 50%,造纸业损失 80%,盐酸业损失 80%,其他行业产量下降 60% ~80%。法币膨胀 395 倍,赋税后来只得改为征收实物,国民经济极度萎缩。② 但在抗战期间,国民政府还是克服困难积极开展战时税收工作,除了在敌后和战争区域为占领地区继续千方百计坚持开展所得税征收外,还在大后方的西部地区不断充实所得税机构,推动所得税深入实施。国民政府于 1938 年春西迁重庆后,更是细分征收机构,财政部将原川康滇黔所得税办事处划开,分别成立川康、云南、贵州省级办事处,加强了机构建设。陕西、甘肃、宁夏、青海、新疆等地除建立陕西办事处和甘宁青新办事处外,各地也陆续建立起了区分处,有利于加强所得税的稽征管理。1938 年,全国设有区分处 86 处,因受战争影响 1940 年缩减为 74 处。1941 年区分处改称分局,计有分局、所 101 个,人员 2257 人。1942 年接办营业税后,经调整改组,分局、所有 770 个,人员 11221 人;1943 年有分局、所 904 个,人员 14694 人;1944 年有分局、所 982 个、人员 19639 人。抗战期间,西部所得税征收机构克服了

---

① 金鑫等:《中华民国工商税收史》直接税卷,中国财政经济出版社 1996 年版,第 71 - 74 页。
② 黄天华:《中国税收制度史》,华东师范大学出版社 2007 年版,第 712 页。

所辖区域经济落后、封建割据势力阻挠严重、征收人员和经费严重短缺等诸多困难，努力完成所得税任务。1936 年度，所得税预算 500 万元，1939 年度为 3000 万元，增加了 5 倍；到 1942 年度预算为 1.7 亿元，比 1936 年度增加 33 倍。实际征收情况，除 1937～1939 年因战事突发及战局转变等原因接近于完成预算外，其余各年度均超额完成任务。[①] 应该看到，当时由于战乱通货膨胀逐渐严重，所得税增加额中有一定水分，但正式施行的最初几年就能取得这样的成绩，说明国民政府所得税的施行是较为成功的。

3.2.3　推行所得税的配套措施

为确保所得税顺利开征并取得较好成效，国民政府财政部采取了一系列配套措施。

3.2.3.1　制定下发指导性强的各类所得税征收须知

为确保各类所得税开征顺利，财政部针对开征当中出现和可能出现的问题制定了各类所得税征收须知，对《所得税暂行条例》及施行细则加以补充和解释，下发给征收机关执行。主要有：于 1937 年 5 月 31 日由财政部颁发的《第一类营利事业所得税征收须知》，对第一类所得中资本额、公积金相关规定进行补充，对计算营利事业所得额有关内容进行解释，对所得额的确定作出具体规定；于 1937 年 6 月 19 日由财政部所得税事务处制定的《第二类薪给报酬所得税征收须知》，对税额计算与报缴作出较详细的规定；于 1936 年 9 月 29 日由财政部颁发《第三类证券存款利息所得税征收须知》，明确了第三类所得征课范围，并对税额扣缴作出详细规定。[②] 各类所得税征收须知下发得较为及时，有效弥补了条例和细则的不足，可操作性较强。

3.2.3.2　深入开展经济调查和货运登记，掌握所得税税源情况

为了掌握经济动态，摸清税源，财政部所得税事务处于 1938 年 12 月颁布《物价调查纲要》，开展全国性的物价调查。调查范围以税源较丰富的大宗产品及大量销售商品为限，调查材料给所得税事务处编制物价指数，作为课税参

---

① 金鑫等：《中华民国工商税收史》直接税卷，中国财政经济出版社 1996 年版，第 39－40 页。
② 潘序伦、李文杰：《所得税原理及实务》，商务印书馆 1937 年版，第 164－179 页。

考。所得税事务处还于 1939 年 4 月 3 日颁布了《经济调查初步方案》，调查每一税区内大宗工矿农牧等特产或大宗集散的商品的产区、产量、质量、用途、生产成本、销售收入、税捐负担等情况，从而掌握所得税税源变化情况。在所得税征收管理中，还逐步建立起货运登记制度，财政部还于 1941 年 1 月 14 日颁发《战时直接税税务联络稽查计划暨工作纲要》，财政部直接税处还于 1941年 8 月 16 日颁发《商货运销登记办法》，要求直接税征收机关在交通要道设立货运登记站，办理进出境货运登记，凭征收机关发给的运销证明单运货。并规定，住、行商运销货物须有其他商号作担保，否则应按核定货物的价值缴纳20% 的纳税保证金。货运登记有效控制了税源，减少了税收流失，但也发生了一些登记检查人员乘机敲诈勒索的情况。①

3.2.3.3　推行现代记账方法，为所得税准确核算打下基础

由于民国初期绝大多数企业一直沿用旧式记账簿记，记账科目简单，难以准确反映企业生产经营情况，对推行所得税造成很大阻碍。为此，国民政府决定改革记账方法。改革包含两大部分：一是建立与所得税相适应的新会计制度，二是采取措施实施新会计制度。② 财政部所得税事务处于 1939 年制定《改良商业簿记方案》和《改良旧式商业簿记初步办法》，在对管账人员进行培训和试行的基础上逐步推广新式记账方法。改良旧式账簿的要点为：所有会计科目，应在记账之先详加拟订；同性质的账户甚多时，皆应合并一起，隶属于一种底账之内，不得纷歧；底账分册，概依会计科目的次序排列；各种账簿，均应按顺序编页，并编目录，以便按图索骥；等等。③ 改良旧式账簿促进企业账务核算水平逐渐提高，为所得税取得成效打下了基础。

3.2.3.4　建立各项人事管理制度，提高所得税征管队伍专业素养

为保障施行直接税特别是所得税的人才需求，国民政府财政部着手建立起了一套直接税机构选人、用人和考核奖惩人事制度，并在开征前后努力贯彻执行。一是建立考训用人制度，颁布《特种考试直接税税务人员考试暂行条例》

---

①　金鑫等：《中华民国工商税收史》直接税卷，中国财政经济出版社 1996 年版，第 41 - 52 页。
②　潘序伦、李文杰：《所得税原理及实务》，商务印书馆 1937 年版，第 245 页。
③　徐维城：《商店实用所得税报税须知》，直隶书局 1941 年版，第 195 - 196 页。

等，要求从事直接税工作的人员要有一定学历和专业素养，分高级税务员和初级税务员两个层面招考。高级税务员招考年龄在 35 岁以下，大学或独立学院财政、经济、会计、法律、商业等学科及专科学校毕业生；初级税务员招考年龄在 25 岁以下，专科以上学校学习会计、经济、财政、法律、商业等学科 1 年以上或高级商科、后期师范学校、高级中学、职业学校毕业的学生。[1] 人事管理权集中在财政部直接税处，招录都必须经过公开考训，注重专业水平和敬业精神，不允许地方征收机关擅自用人。二是建立轮流调遣制度，对在同一个岗位上或一个地方工作过长的税务人员进行职务轮调地点轮调，使税务人员能有多岗位工作和学习机会，避免环境过于熟悉造成工作不便甚至徇私舞弊行为。三是建立定期考升制度，财政部直接税处于 1943 年 11 月制定了《财政部直接税处工作人员考升规则》，规定各级税务员达到一定的服务年限和业绩，可经过考试取得较高一级税务资格，提升考试每年 4 月、11 月间各进行一次。即使是最初级的税务人员工作努力和不断提高素质，也有机会升为高级税务员，可较好地调动税务人员的积极性。

3.2.3.5　建立审核制度，防止所得税执法偏差

为严密征收管理，加强内部监督，财政部直接税处建立了审核制度，1940 年 12 月制定了《财政部直接税处所属税务员执行审核工作暂行规则》，1941 年 1 月和 10 月又分别制定了《审核员服务规则》和《审核员应行注意事项》，规定在直辖局和分局设立审核室和审核股，配备审核员，采取权责独立制开展审核工作，规范审核员工作职责，正确行使纠正税收调查等偏差的权力，并负最后决定税额的责任。为保障审核质量和公正执法，加强了审核员的选派和论调，规定只有担任复核抽查等工作 1 年以上的高级税务员才有资格担任审核员，审核员服务处所每年轮调一次，遇有特殊情况准予最多连任一次。[2] 审核制度的建立和深入实施，一定程度上防止了税务人员税收调查等税务行为的失当以及徇私舞弊等情况的发生。

---

① 胡毓杰：《我国创办所得税之理论与实施》，经济书局 1937 年版，第 23－24 页。
② 中国第二历史档案馆：《中华民国工商税收史料选编》第四辑（上册），南京大学出版社 1994 年版，第 834 页。

3.2.4　初期所得税制中的缺陷

（1）在所得税开征初期适当进行一些必要的减免，是减少阻力、保证新税顺利推进的配套措施之一。但在减免项目之中，有的也不太切合实际，如薪给报酬所得的最低起征额为 30 元，这个金额定得明显偏低，低收入者也要负税，有违公平原则。而且由于当时各地经济发展状况差异很大，大城市消费水平往往是偏远之地的数倍，加重了城市贫民的负担。还有就是没有考虑在所得额中适当减除家庭负担费用，造成家庭负担不同者却要承担同等税额，显失公平。[①]

（2）《所得税暂行条例》及《所得税暂行条例施行细则》规定的罚则存在两个方面的问题：首先，漏税额最低处 2 倍以上罚金显得太重，在实际操作当中难以全面实行到位；其次，漏税（实为当今的偷税）科 1 年以下有期徒刑或拘役，刑罚的最高限太轻，不利于惩罚和震慑严重偷税者。

3.3　所得税施行成功的原因

中国从清末开始筹议和施行所得税经历了漫长的 30 余年时间，终于在1936 年由南京国民政府最终成功实施，这是中国税收史上的一个里程碑。国民政府能够比较成功地推行所得税，与国内外各种力量的合力推动、社会环境的改善和推行举措得当密切相关，主要原因有以下几方面。

3.3.1　施行经济基础初步具备

第一次世界大战以后，由于世界上的帝国主义国家忙于战争，对中国的军事和经济侵略有一定程度的减缓，中国资本主义经济的发展获得了难得的机遇。这之后，中国的民族工业如纺织、食品、针织、卷烟、采煤、钢铁、锑钨、水泥等都有了不同程度的发展，纺织、食品等的发展速度还较为迅速。这段时期，每年注册的企业大量增加，虽然后来也受到世界经济危机的影响，但经济仍然有所发展。到 1936 年，全国登记工业企业数量达到 2441 家，其中新

---

① 陶爱成：《所得税概观》，《实业季刊》，1936 年第 3 卷第 4 期。

办工业企业达 193 家。从产值看，1936 年全国工业总产值约为 102.35 亿元，中国资本主义工业产值已占全部工业总产值的 58.8%。从增长情况看，1936 年的工业总产值比 1926 年增长了 86.1%，比 1931 年增长了 38.5%。[①] 1936 年，外国在华投资总额达到 42.85 亿美元。[②] 从 1936 年国内埠际贸易统计情况看，机制工业品已占贸易总额的 34%，并以上海等地的生产为主；埠际贸易中大米的 40%、药材的 46% 都是运到上海。1936 年埠际贸易总额约达 47 亿元，比 19 世纪末增长约 20 倍。中国近代商业缺乏完整统计，总计约有 100 多个行业，趋势是不断发展。尽管国民政府初期烽火连天，内战不绝，但商品货币经济及资本主义生产关系还是有所发展的。外国资本、官僚买办资本和民族资本都有不同程度的增长。这一时期的国内外贸易，特别是进口贸易有了大幅度的增长。一般认为，1936 年前后是中国民族资本发展最兴旺的时期。[③] 中国资本主义经济的发展，所得税有了较大规模的税源，为所得税的施行奠定了经济基础。

3.3.2　政局相对统一并较为稳定

民国北京政府时期，军阀混战，战乱频繁，南北对峙，政局混乱到极点，施行所得税受到很大阻碍，屡兴屡废。南京国民政府成立以后，随着张学良"东北易帜"，北京政府彻底倒台，1935 年，四川各派取消防区制，国民政府中央在四川实现名义上的统一，1936 年，随着"南天王"陈济棠垮台与李宗仁表态归顺蒋介石而和平解决两广事件，特别是西安事变和平解决，南京国民政府实现了表面的全国统一，政局亦变得相对统一。同时，国民政府实现了币制统一，于 1935 年 11 月 4 日起实行法币制度，规定由中央、中国、交通三大银行印发称为法币的钞票，1936 年 2 月，中国农民银行亦可印发，一切公私款项和所有完粮纳税收付不得使用现洋，都必须用法币结算，在一定程度上改变了原来因国际银价不断上涨而造成百业困顿和币值不稳的状况，并明显方便了所得税等税收的计算征收。

---

① 金鑫等：《中华民国工商税收史》直接税卷，中国财政经济出版社 1996 年版，第 18 页。
② 陈绍闻、郭庠林：《中国近代经济简史》，上海人民出版社 1983 年版，第 238 页。
③ 黄天华：《中国税收制度史》，华东师范大学出版社 2007 年版，第 711 页。

3.3.3　施行社会环境逐渐好转

随着国人特别是知识和精英阶层对西方现代税制的了解不断加深，学术界和国民政府内部主张引进以直接税制为主体的西方税制的呼声也越来越高。马寅初、吴兆莘、张志樑、蔡次薛等著书立说，推介所得税等直接税。马寅初认为，非常时期开征所得税的好处主要有：一是能够避免过度使用纸币政策造成恶性通货膨胀，第一次世界大战时的德国便是前车之鉴；二是关税、盐税和统税一向是中国财政收入的主要来源，但"战事一起，海口被封，关税断绝。产盐区域多在沿海各省，万一失守，不但盐税无着，即食盐亦成问题。中国工厂均在沿海口岸，倘被敌人占领，则统税亦去"，因此必须征新税以抵补；三是所得税"直接为富人所负担，不能转嫁，亦不影响于物价""所得税之基础既立，则于战时可以征收暴利所得税，以服一般人之心。如此办理，穷人出力，富人出钱，负担公平，策之上也"。[①] 蔡次薛则认为，中国的战时财政政策应遵循的原则是："在不妨碍国民生产力之发展的限度内，尽量加税""视国民的储蓄力，增发公债吸收游资，而以租税为其担保"。[②] 他提倡中国的财政政策中有一项是建立以直接税为中心的租税体系。"直接税系以富于纳税力强的人为课税对象"，它"是一种不易转嫁的良税"。[③] 1928 年 6 月，担任财政部长的宋子文亦主张仿效西方税收制度，建立包括直接税（所得税、遗产税、赠与税等）在内的中国税收体系。1933 年 11 月，继宋子文后担任财政部长的孔祥熙也十分推崇直接税，认为直接税具有负担公平、纳税普遍、富有弹性和收入确实四大优点，是世界所公认的"最良好的税"。[④] 他一直把财税改革重要目标之一定为建立健全直接税体系。就是在抗日战争时期，他亦坚持"战时租税政策，第一在造成直接税系统，第二则是从制度和人事着手建立现代税务行政，以制度约束财税人员，同时培养具有现代财税技术和高尚品德的

① 马寅初：《马寅初全集（第 9 卷）》，浙江人民出版社 1999 年版，第 308－310 页，收入邹进文：《民国财政思想史研究》，武汉大学出版社 2008 年版，第 282 页。

②③ 蔡次薛：《各国战时财政政策》，中央日报社湖南分社 1942 年版，第 15 页。

④ 孔祥熙：《所得税的特点及政府筹办的情形》（1936 年 9 月），载《孔庸之先生演讲集》，第 170 页。

财税人员"。① 政府要员仿效西方现代税制的观念对国家政策产生了十分重要的影响，最终推动了所得税的正式施行。

　　受历代统治阶级繁苛重敛的盘剥，中国各阶层的民众对开征新税一贯采取抵触和反对态度，这给世称良税的所得税的开征也造成很大障碍。所得税这种直接税不易转嫁，在平时推行易使纳税人感到直接负担的痛苦，从而易招致利益各方反对。但当外敌侵入，人民生命财产都难以保全，民众受爱国心的感动，认同政府课税是为保国安民，更容易使人愿意贡献出自身财力帮助抗战。自抗战以来，所得税的推进取得了很大进展。1936 年，所得税收入在国税中占第 6 位，到 1940 年跃居第 3 位。这是民众转变态度，与政府合作产生的良好结果，为中国税制之一大进步。② 随着国家处于危亡的边缘，民众深知抗战建国的重要，对于所得税等较为公平的新税的态度亦有了较大转变。

3.3.4　适应财政和战费的需要

　　从税收开征的目的来说，主要就是为筹集财政收入，战时则是为了千方百计筹集战费。开征所得税的原始动机其实也是为了更好地收到税，而国民政府迫切要施行所得税，一个很重要的原因是为形势所迫。到 1936 年，国民政府的"财政危机实在是太严重了，最可靠的海关税收，已经在这次总预算中自动减列了二千余万元之巨，而随着帝国主义侵略的加紧和国民经济破产的加深，危机更会剧急地尖锐化起来。这个严重的威吓，使财政当局不得不拼命地想法开源，虽然明知会碰着许许多多的硬钉子，但为着挽救垂危的命运，也只好硬着头皮来碰碰看了。因此，旧的所得税条例草案便被当局很认真而热烈地由修正而辩论，而审查，而通过了"。③

　　所得税的开征亦是适应战时财政的需要。第一次、第二次北伐战争的胜利，表面上结束了军阀割据、南北两个政府对峙的局面，中国重新实现了形式上的统一，开始了以蒋介石为首的国民政府执政时期，中国社会进入了一个相

　　① 孔祥熙：《抗战四年来之财政与金融》（1941 年 7 月），载《孔庸之先生演讲集》，第 315 页。

　　② 杨昭智：《中国所得税》，商务印书馆 1947 年版，第 43 页。

　　③ 蔡问襄：《所得税的开征及其前途》，《时代论坛》，1936 年第 1 卷第 9 期。

对平稳的社会发展阶段。但国家军费仍然占财政支出的大部分（见表 3 - 1），筹集军费也仍然是头等大事。

表 3 - 1　　　　　　1928 ~ 1936 年南京国民政府军费支出情况

年度	岁出总额 （百万元）	军务费数额 （百万元）	军务费占岁出的 百分比（%）
1927	150.8	131.2	87.0
1928	412.6	209.5	50.8
1929	539.0	245.4	45.5
1930	714.4	311.6	43.6
1931	683.0	303.8	44.5
1932	644.8	320.7	49.7
1933	769.1	372.9	48.5
1934	1203.6	386.6	32.2
1935	1336.9	362.0	27.1
1936	1894.0	555.2	29.3
合计	8345.6	3198.9	38.3

　　资料来源：孙文学、齐海鹏、于印辉、杨莹莹：《中国财政史》，东北财经大学出版社 2008 年版，第 347 页。

　　从表 3 - 1 可知，1927 ~ 1936 年，国民政府财政收入呈曲线上升趋势，但军费支出始终是财政支出的重要组成部分。

　　"九一八"事变后，日本帝国主义加紧了对中国的进攻，沿海富庶地区不断被日寇蚕食和侵占，而这些地区关税、盐税、统税等巨额税收收入的征收权也逐渐丧失，为维持政权运转、抵抗外侮，国民政府不得不谋划战时财政的新出路。备战的需要加快了国民政府进行税制改革的步伐，而所得税按能力征收，富有弹性，很符合战时财政要求，故施行所得税已刻不容缓。在 1934 年孔祥熙主持召开的第二次全国财政会议上，他明确提出的财税改革方向中创办所得税成为主要内容之一。蒋介石也多次密令孔祥熙加重税收。面对各种压力，孔祥熙意识到要较好地满足军费需求必须进行税制改革，以增税和调节税收结构来增加财政收入。而国民党五届七中全会于 1940 年 7 月 6 日也通过了《对于财政经济交通报告决议案》，提出"以加税最为稳妥"作为补救战时财政的措施，并要求"主管税务人员今后应依国家之需要，尽最大之努力"。[1]

---

　　[1] 《对于财政经济交通报告决议案》（1940 年 7 月 6 日），收入罗家伦主编：《革命文献》第 80 辑《中国国民党历届历次中全会重要决议案汇编（二）》，中国国民党中央委员会党史委员会 1979 年版，第 77 页。

这更促使所得税和利得税税负进一步增加。

战争在一定意义上是国家和政权间财政的比拼，而持久战更是金钱和物资的消耗战。艰苦卓绝的抗日战争爆发后，沿海与华北、华中、华南等许多经济较发达地区相继沦陷，关税、盐税、统税等收入大减，致使国民政府税源接近枯竭，是造成严重的财政赤字的主要原因（见表 3-2）。

表 3-2　　　　　　　　1937～1945 年国民政府财政收支情况

年度	实收 （百万元）	岁出 （百万元）	短缺数 （百万元）	赤字 （%）
1937	559	2091	1532	73.3
1938	297	11693	872	74.6
1939	715	2797	2082	74.4
1940	1317	5288	3971	75.1
1941	1184	10003	8819	88.2
1942	5269	24511	19242	78.5
1943	16517	58816	42299	71.9
1944	36216	171689	135473	78.9
1945	150065	1215089	1065024	87.7

注：实收指除债务和银行垫款收入之外的收入，现金结存除外的实际总支出，1938 年只包括 1938 年 7～12 月，1939 年起，会计年度改为 1～12 月。

资料来源：杨荫溥：《民国财政史》，中国财政经济出版社 1985 年版，第 102 页。

从表 3-2 可以看出，进入抗战后，国民政府的财政收入平均只占支出的 1/5 左右，严重入不敷出。主要原因就是税收锐减，造成抗战期间各年财政赤字都在 70% 以上，有两年甚至高达 87% 以上。而抗战军费急剧扩大是造成巨额财政赤字的主因（见表 3-3）。

表 3-3　　　　　　　　1937～1945 年国民政府军务费支出

年度	总岁出 （百万元）	军务费 （百万元）	占总岁出的百分数 （%）
1937	2091	1388	66.4
1938	1169	698	59.7
1939	2797	1611	57.6
1940	5288	3912	73.9
1941	10003	6617	66.2
1942	24511	15216	62.1
1943	58816	42943	73.0
1944	171689	131081	76.3
1945	1215089	1060196	87.3

资料来源：杨荫溥：《民国财政史》，中国财政经济出版社 1985 年版，第 103 页。

从表3-3可以看出,在1937~1945年国民政府财政支出当中,每年的战时军务费支出都占财政支出的57%以上,年均超过69%,比例大概呈逐年上升趋势,1945年甚至达到87%以上。严重的入不敷出迫使政府采取超常规的办法来弥补国用不足,这些办法包括增发货币、举借内外债、加重原有税种税负和开辟新税种等,以支持抗战需要。而分析这些增收办法,增发货币过猛无异于饮鸩止渴,造成持续通货膨胀、抗战期间物价飞涨的主要原因之一就是增发货币过多。举借内外债本身并不是真正的增收措施,只是一种透支行为,因为欠债不仅要还本金,还必须支付高额利息,加重了以后还款年度的财政负担。尹文敬认为,通过公债和膨胀通货的方式取得战费是"损穷利富的",以加税应付战费,"则负担分配,比较准确而公平"。[1]而采取加重原有税种税负的措施,则使本就负担很重的民众不满情绪高涨。于是,进行税制改革,取消一部分苛税和恶税,开征更为公平、稳健和持久的所得税、利得税、遗产税等直接税,成为增加财政收入的较好选择。国民政府开征所得税等直接税后,逐渐成为税收收入的重要来源之一。1936年直接税开征时年度国家预算收入为500万元,实收650万余元;1937年度预算数为2000万元,实收2023.8万元,除去1938年上半年外,各年度直接税收入均超额完成预算任务。[2]而且,直接税收入总额呈逐年增加趋势(见表3-4)。

表3-4 直接税收入总额上升情况

年度	印花税(百万元)	所得税(百万元)	利得税(百万元)	营业税(百万元)	遗产税(百万元)	合计(百万元)	占税收总额比例(%)
1941	16	80	70	—	—	166	24.9
1942	26	197	29	610	1	863	30.7
1943	355	761	884	1785	15	3800	31.2
1944	1063	1145	1189	3032	50	6749	20
1945	3140	2009	1833	7318	111	14411	14.4
合计	4607	4236	4030	12745	177	25795	17.5

资料来源:杨荫溥:《民国财政史》,中国财政经济出版社1985年版,第112页。

税制改革与战费筹集的双重需要,使所得税的推行变得更加顺理成章,水

---

① 尹文敬:《战时财政论》,中央政治学校1940年版,第14-15页。
② 朱偰:《抗战进入第四年度财政之展望》,《东方杂志》,1941年第38卷第8号。

到渠成。

推行所得税对民国经济和抗战胜利有着较为积极的影响。一是在一定程度上抑止物价的上涨，减少了通货膨胀。战争期间，生产顿减，国家资本因战争关系消耗很大，参战各国因财政上的需要极易造成通货膨胀。军需品需要加大，各工厂都转营生产军用品，其他物品因短缺而导致价格上涨。平时能进口的物品，因战争影响，不能进口，有少数能进口的物品，也比平时少。国内生产者虽然能增加生产，仍然不能供应一般需要，供求失衡，也致使物价日益上涨。征课所得税可将一部分私人购买力转移为国家财政收入，减轻了物价的推动力。筹措战款的主要方法不外乎增税、举债及发钞等。举债、发钞都会促使物价上涨，而适当增税不会有这种弊端，可谓是最为稳健的财政增收措施。二是可抑制大利，安定民心。抗战爆发，不少有钱有势者囤积居奇，抬高物价，发国难财，造成广大民众不仅要承受外侮，还要遭受不法官商盘剥，民众倍感不公，希望政府对发国难财的行为加以抑制和惩处。[1] 政府有针对性地将此类所得纳入所得税和利得税重课范围，不但可以抑制暴利，通过税收分配手段实现不义之财的社会化，亦可安定民心，增强民众的抗战力量与意志，促使抗日战争最终取得胜利。[2]

3.3.5 推行相应举措简便易行

国民政府推行所得税的各项举措较为切合实际而又简便易行，以避免遇到较大的阻力，使所得税施行之初虽然成效不巨但推行较为顺利。国民政府在推进所得税立法的过程中，首先明确了立法的基本思路，即当时立法院所得税起草委员会召集人刘振东所说的："今中国为应国家之急需，求民族之生存，骤然行之，自难期其尽美尽善于一朝一夕，故今日之法，吾人不敢徒唱高调，在纳税范围方面，竭力求其缩小，在税率方面，竭力求其低微，在制度本身，竭力求其简单易行，以期利于国而不扰民，此种苦心微易，可以告于国人。"[3]由于中国处于由自然经济向商品经济转变过程中，资本主义生产方式还在初步

---

① 杨昭智：《中国所得税》，商务印书馆 1947 年版，第 43 页。

② 胡芳：《民国时期所得税法制研究》，江西财经大学硕士学位论文，2010 年。

③ 刘振东、王启华：《中国所得税问题》，中央政治学校研究部 1941 年版，第 410 页。

发展阶段，速度较慢，人事组织及调查统计也未建立健全。国民政府推行所得税时，注意到了这些现实情况，尽力制定较为切合实际且简便易行的所得税制度，使民众逐步养成纳税习惯，然后再进行充实，循序渐进，不断完善。因此，1936年颁布的《所得税暂行条例》采用较为简便的分类所得税制，只对营利事业所得、薪给报酬所得、证券存款所得征税。"以分类税制行政上之困难较少，实效易见，且合于国情。"① 在所得税筹办和推行过程中还采取了以下措施：将所得税定为中央税，依照财政收支系统法的规定来分配税收。依赖原有公务员所得捐为收入的文化教育各种费用，改由国库开支。政府施行所得税的目的之一，在于平衡人民负担，所以竭力避免不公之处：其一，所得税与当时已在征收的所得捐性质相同，为避免一税两征，1936年度国家预算中将依赖所得捐收入的各种费用移转到国库开支，停征所得捐。其二，因农村经济破产，农民负担已经很重，且已征收房捐，将来或许须征收地价税及增值税等，所以农业所得与土地房产所得没有列入所得税征收范畴。② 在所得税的征管制度制定方面，纳税申报、调查与审查、税款征收、惩罚与奖励等也大都遵循简便易行原则，力求纳税人办税便利。施行所得税的各项措施比较简便易行，减少了民众的抵触情绪和技术上的阻滞，使所得税最终为社会广泛接受。

---

① 胡毓杰：《我国创办所得税之理论与实施》，财政建设学会1937年版，第33页。
② 吴广治：《所得税》，中华书局1936年版，第95－97页。

第 4 章

所得税制构成分析

    民国国民政府所得税于 1936 年正式施行后，经历了一个由简单到复杂、由分类所得税到逐渐施行综合所得税的发展过程。施行初期，颁行的《所得税暂行条例》规定实行分类所得税，按性质将所得分为营利事业所得、薪给报酬所得、证券存款所得三类。随着所得税的深入推行与国内和国际形势的发展变化，所得税逐渐走上了法制化和征收范围"扩容"的进程。1943 年 1 月 28 日，国民政府明令颁布施行《财产租赁出卖所得税法》，正式施行财产租赁出卖所得税。同年 2 月 17 日，国民政府明令颁布《所得税法》，调整税率，提高罚则，同时废止《所得税暂行条例》。1946 年 4 月 16 日，国民政府颁布施行修正的《所得税法》，对原《所得税法》做了较大改动，将分类所得税分为营利事业所得税、薪给报酬所得税、证券存款所得税、财产租赁所得税和一时所得税五类，并开征综合所得税。之后，国民政府又于 1948 年 4 月 1 日和 1949 年 9 月 21 日进行了第二次和第三次《所得税法》的修正。另外，国民政府于 1938 年 10 月 28 日公布施行《非常时期过分利得税条例》，开征过分利得税，并于 1939 年 7 月 6 日颁布施行《修正非常时期过分利得税条例》。1947 年 1 月 1 日，国民政府又明令颁布实施《特种过分利得税法》。利得税是针对暴利开征的一种税种，虽然在名称上不叫所得税，事实上也是所得税的一种。以下对各类所得税的开征及变动进行逐个分析。

4.1 分类所得税变动状况

4.1.1 营利事业所得税

凡开征所得税几乎都会对营利事业所得（亦叫企业所得或公司所得）征税，因所得基本可分企业所得和个人所得两大类，对企业所得征税是所得税的重要来源，甚至是主要来源。在民国各类所得税中，以第一类营利事业所得税为骨干。

4.1.1.1 征免范围的变动

1936 年颁布的《所得税暂行条例》规定，第一类营利事业所得，依其经济性质分为三项：甲、凡公司、商号、行栈、工厂或个人资本在 2000 元以上营利所得；乙、官商合办营利事业所得；丙、一时营利事业所得。第一类营利事业所得的减免，仅限于不以营利为目的的法人所得。这里的法人是指符合《民法总则》中规定的公益社团和财团组织，经向主管官署登记成立者，而不是所有法人都可免税。若非营利事业法人兼营营利事业仍应课税。根据课税范围的规定，资本不及 2000 元或所得占资本实额未满 5% 者不征税。第一类中的一时营利所得，能按资本额计算其比率的同样享受此项免税；不能按资本额计算比率，但所得未满 100 元的亦可免税。资本是公司组织实在缴足的股金，或其他组织实际投入的本金。有公积金的按其总额以 1/3 并入资本计算。另外，凡营利事业本店在中华民国国外，分支店、营业所在国内或分支店、营业所在国外而本店在国内者，无论其资本是否与本店互为划分，均就其在中华民国境内营业盈利部分计算其所得额，按《暂行条例》第四条税率课税；本店及其分支店、营业所同在中华民国境内，而其资本互为划分者，应分别计算其所得额分别课税。[①]

1943 年 2 月 17 日颁布的《所得税法》，其征免范围与《所得税暂行条例》大致相同，起征点调整为由原规定所得合资本实额 5% 提高到 10%。

1946 年 4 月 16 日公布施行的修正《所得税法》，将原第一类营利事业所

---

① 郭卫：《所得税暂行条例释义》，会文堂新记书局 1936 年版，第 28 – 29 页。

得范围修正为：甲、股份有限公司、股份两合公司、有限公司营利所得；乙、无限公司、两合公司、合伙、独资及其他组织营利所得。此外，修正《所得税法施行细则》第三条规定：第一类营利事业包括各级政府所办公营事业。这明显扩大了所得税征课范围，将官营与民营同等对待。过去一般商家常以公营事业免税不公平为借口拖延纳税，尤以官商合办事业认为国营事业免征，使营业不能平衡发展而拒绝纳税。官营与民营所得税同等对待，不仅使民营商家没有了不纳税的借口，而且给民营商家提供了平衡发展的机会。① 修正《所得税法》对第一类营利事业所得的免税范围作了修改：第一类甲项所得合资本实额未满 5% 的免征，比 1943 年规定降低了 5%，与 1936 年规定相同；第一类乙项所得未满 15 万元的免征；将原"不以营利为目的之法人所得"免征改为教育、文化、公益、慈善事业所得全部用于本事业的免征；经所在地主管机关登记设立之合作社依《合作社法》组织并依法经营的业务，其营业所得和资本实额未超过 20% 的免征。修正《所得税法》规定的合作社免税条件可避免许多名为合作社实为一般商业性质之的商家，假借不以营利为目的的合作社名义逃避所得税。②

1948 年第二次修正的《所得税法》规定，第一类营利事业所得的征课范围为公司、合伙、独资及其他组织营利事业所得，取消原按有限公司、无限公司等分甲乙两项分别适用不同税率的规定，均以所得额多少决定税率的高低，不再以所得额合资本实额比率作标准。

4.1.1.2　税率与计算方法调整情况

1936 年颁布的《所得税暂行条例》规定，营利事业所得税税率为：第一类甲、乙两项营利事业所得税税率采取全额累进制，所得能按资本额计算的税率为：所得占资本实额 5% 未满 10% 的，课税 3%；所得占资本实额 l0% 未满 15% 的，课税 4%；所得占资本实额 15% 未满 20% 的，课税 6%；所得占资本实额 20% 未满 25% 的，课税 8%，所得占资本实额 25% 以上的，一律课税 10%。其立法用意是以营利事业大都将本求利，应充分重视其资本与所得的比

---

① 杨昭智：《中国所得税》，商务印书馆 1947 年版，第 103 页。

② 杨昭智：《中国所得税》，商务印书馆 1947 年版，第 107 页。

例，以期公允。第一类丙项一时营利所得，能按资本额计算的依前项税率课税。不能按资本额计算的，采取超额累进制依其所得额课税，税率为四级：所得在 100 元以下的免税；所得在 100 元以上未满 1000 元的，课税 3%；所得在 1000 元以上未满 2500 元的，课税 4%；所得在 2500 元以上未满 5000 元的，课税 6%；所得在 5000 元以上的，每增 1000 元递加课税 10%，至 18000 元以上的一律课税最高税率为 20%。

1943 年 2 月 17 日颁布的《所得税法》，对税率作了以下调整：第一类甲、乙两项营利事业所得税由原分 5 级调整为 9 级，起征点由原规定所得占资本实额 5% 提高到 10%，最低税率由原规定 3% 提高到 4%，但所得占资本实额 30% 以下的维持原税率；所得占资本实额 30% 以上的按所得大小逐渐提高税率，最高税率由原来的 10% 提高到 20%。第一类丙项一时营利事业所得中不能按资本额计算的，修正为所得满 200 元的开始课税，税级增为 14 级。对所得在 200~2000 元的课税 4%，所得越大课税率越高，所得在 20 万元以上的课税 30%。可见，在抗战时期，第一类所得税负明显加重。

1946 年 4 月 16 日公布施行的修正《所得税法》将原第一类营利事业所得税率修正为：股份有限公司、股份两合公司、有限公司营利所得，税率仍分 9 级，起征点降低，税率有所提高，所得占资本实额 5% 以上不满 10% 的课税 4%，不断累进，至所得占资本实额 50% 以上的一律课税 30%；无限公司、两合公司、合伙、独资及其他组织营利所得，税率改为以所得额为计算标准，共 11 级，所得额在 15 万元以上不满 20 万元的课税 4%，亦不断累进，至所得额在 700 万元以上的一律课税 30%。还规定，甲、乙两项所得属于制造业的，税额依规定减征 10%，以促进工业发展。

1947 年 4 月 24 日，财政部依国民政府公布的《所得税法免税额及课税级距调整条例》，对 1947 年度第一类所得税免税额及税率调整如下：第一类甲项股份有限公司、股份两合公司、有限公司营利之所得每年所得占资本实额未满 12% 的免税，所得额占资本实额 12% 未满 23% 的课税 4%，不断累进，至所得额占资本实额 115% 以上的一律课税 30%。第一类甲项所得属于制造业的，税额依前项各款规定减征 10%。第一类乙项无限公司、两合公司、合伙、独资及其他组织营利所得免税额为每年所得未满 35 万元，所得额在 35 万元以上未满 46 万元的课税 4%，不断累进，至所得额在 1610 万元以上的一律课税 30%。第一类乙项所得属于制造业的，税额依前项各款规定减征 10%。

1948 年 4 月 1 日，第二次修正《所得税法》，规定第一类营利事业所得税免征额为每年所得额 6000 万元以下，所得额在 6000 万元以上未满 1 亿元的课税 5%，不断累进，至所得额在 1000 亿元以上的一律课税 30%。由于通货膨胀，这时的账面数字都是天文数字。属于公用、工矿及运输事业的，其税额依前项各款规定减征 10%。

1848 年 8 月币制改革后，营利事业所得税的免征额调整为每半年所得额在金圆 50 元以下，所得额在金圆 50 元以上未满 250 元的课税 5%；所得额在金圆 50 元以上未满 400 元的，就其超过额课税 6%；不断超额累进，至所得额在金圆 10 万元以上的，一律就其超过额课税 30%。属于公用、工矿及运输事业的，其税额依前项各款规定减征 10%。①

1949 年 9 月 21 日财政部公告，《所得税法》第三次修正，营利事业所得税的免征额为每半年所得额 80 元以下，所得额在 80 元以上未满 150 元的课税 5%；所得额在 150 元以上未满 300 元的，就其超过额课税 6%；不断超额累进，至所得额在 50000 元以上的一律就其超过额课税 30%。属于公用、工矿及运输事业者的，其税额依前项各款规定减征 10%。

1936 年颁布的《所得税暂行条例》规定，营利事业所得税以纯益额计算课税。计算时应就其收入总额内减除营业期间实际开支、呆账、折旧、盘存消耗、公课及依法令所规定应提的公积金，以其余额为纯益额，再依照暂行条例第三条规定的税率课税。②

由于物价快速上涨，1946 年修正的《所得税法》对营利事业所得税涉及的资本额计算方法作了修正：资本额按照登记年份资本额比照各税区收税年前第二年度全年平均物价指数的一半调整计算物价指数指趸售物价指数，应由主管征收机关于每年开征前，就当地公认确当指数的一种或数种，选请上级主管

---

① 中国第二历史档案馆：《中华民国工商税收史料选编》第四辑（上册），南京大学出版社 1994 年版，第 215 – 216 页。

② 中国第二历史档案馆：《中华民国工商税收史料选编》第四辑（上册），南京大学出版社 1994 年版，第 100 页。

机关核定公告。当地尚无此项指数的，主管征收机关应自行编制，呈请核定并公告。资本实额则调整为指股份有限公司、股份两合公司或有限公司实在缴足的股金，不包括信用或劳务出资。① 此种计算办法虽然可适当减轻通货膨胀对所得税计算的严重影响，而且 1947 年以后又根据情况多次进行调整，但由于后来物价上涨速度越来越快，该办法也难以发挥设计者预计的作用。

4.1.2　薪给报酬所得税

4.1.2.1　征免范围的变动

1936 年颁布的《所得税暂行条例》规定，第二类薪给报酬所得包括公务人员、自由职业者及其他从事各业者薪给报酬所得。下列第二类薪给报酬所得免征：每月平均所得不及 30 元；军警官佐士兵及公务员因公伤亡获得的抚恤金；小学教员的薪给；残废者、劳工及无力生活者的抚恤金、养老金及赡养费。薪给报酬所得系指公务员俸给、薪金、岁费、奖金、退职金、养老金及其他职务上所得的给予金，自由职业者及其他从事各业者因职业及工作上所受薪给、年金、报酬及其他金钱给予。②

1946 年的修正《所得税法》将原第二类营利事业所得范围修正为：甲、业务或技艺报酬所得；乙、薪给报酬之所得。业务或技艺报酬所得包括律师、会计师、工程师、医药师及戏剧艺员、演员等自由职业者自设业务所的业务所执行业务收入和独立营生者的技艺报酬。薪给报酬之所得指公务人员及被雇用的自由职业者与各业从业人员，在职务或工作上所受的薪给、津贴、年金、奖金、退职金、养老金及其他给与金，但公务人员因公支领的费用不在此列。

1948 年《所得税法》第二次修正，将第二类薪给报酬所得分为两项：一是业务或技艺报酬所得，包括自由职业者自设业务所业务所得或独立营生者技艺报酬；二是定额薪资所得，包括公、教、军、警人员及公私事业职工定额薪资。

---

① 中国第二历史档案馆：《中华民国工商税收史料选编》第四辑（上册），南京大学出版社 1994 年版，第 176－184 页。

② 郭卫：《所得税暂行条例释义》，会文堂新记书局 1936 年版，第 33 页。

4.1.2.2　税率与计算方法调整情况

1936 年颁布的《所得税暂行条例》规定，薪给报酬所得税税率采取超额累进制，每月平均所得在 30 元以下的免税；每月平均所得 30 元至 60 元的，每 10 元课税 5 分；每月平均所得超过 60 元至 100 元的，超过额每 10 元课税 1角；每月平均所得超过 100 元至 200 元的，超过额每 10 元课税 2 角；每月平均所得超过 200 元至 300 元的，超过额每 10 元课税 3 角；每月平均所得超过300 元至 400 元的，超过额每 10 元课税 4 角；每月平均所得超过 400 元至 500元的，超过额每 10 元课税 6 角；每月平均所得超过 500 元至 600 元的，超过额每 10 元课税 8 角；每月平均所得超过 600 元至 700 元的，超过额每 10 元课税 1 元；每月平均所得超过 700 元至 800 元的，超过额每 10 元课税 1.20 元；每月平均所得超过 800 元以上时，每超过 100 元，每 10 元增课 2 角，至每 10元课税 2 元为最高限度，共分 17 级。若每月所得超过额不满 5 元的部分免税，5 元以上的按 10 元计算。

1943 年 2 月 17 日颁布的《所得税法》的税率，进行了以下调整：起征点从所得每月满 30 元课税 5 分调整为所得每月满 100 元课税 1 角；每月所得在1500 元以下的维持原税率，但因起征点提高，按超额累进，实际应纳税额却降低了；每月所得在 1500 元以上的，税率逐渐提高，直至每月平均所得超过1 万元以上者，超过额每 10 元一律课税 3 元，即 30%，共分 17 级。最高税率比原最高税率 20% 增加 10%。应该说，该类所得的税率有降有升。

由于物价上涨，1946 年修正《所得税法》中的免税点较原规定提高甚多，税率减轻亦较大。第二类所得税率修正为：第二类薪给报酬所得，甲项的税率规定自所得额超过 15 万元至 20 万元的就其超过额课税 3% 起，至所得额超过320 万元以上的，一律就其超过额课税 20% 止，共分 10 级；乙项的税率规定自所得额超过 5 万元至 6 万元的就其超过额每 1000 元课税 7 元起，至所得额超过 24 万元以上的一律就其超过额每 1000 元课税 100 元止，亦分 10 级。

财政部于 1947 年 4 月 24 日调整 1947 年度第二类甲项业务或技艺报酬所得税免税额及税率，为调整期间各次国防最高委员会核定中央机关公务员生活补助费实得数各该区加权平均数增加的百分比。第二类乙项所得，除法律已有规定之外，为每次国防最高委员会核定中央机关公务员生活补助费各该区实得数增加的百分比。①

1948 年第二次修正《所得税法》，第二类甲项业务或技艺报酬所得税起征额调高到每年所得额满 3600 万元，税率为 3%；第二类乙项定额薪资所得税起征额调高到每月所得额满 300 万元，税率分 4 级：所得额在 300 万元以上的一律课征 1%，所得额超过 2000 万元至 4000 万元的就其超过额加征 2%，所得额超过 1000 万元至 1 亿元的就其超过额加征 3%，所得额超过 l 亿元以上的就其超过额加征 4%。

1848 年 8 月币制改革后，甲项业务或技艺报酬所得税起征额为每年所得额满金圆 80 元，税率为 3%；乙项定额薪资所得税起征额为每月所得额满金圆 40 元，税率分为 4 级：所得额在金圆 40 元以上未满金圆 150 元的就其超过额课税 1%，所得额在金圆 150 元以上未满金圆 300 元的就其超过额课税 2%，所得额在金圆 300 元以上未满金圆 600 元的就其超过额课税 3%，所得额在金圆 600 元以上的就其超过额课税 4%。②

1949 年《所得税法》第三次修正，甲项业务或技艺报酬所得税起征额为每年所得额满 300 元，税率为 3%；乙项定额薪资所得税起征额为每月所得额满 30 元，税率亦分 4 级：所得额在 30 元以上未满 75 元的就其超过额课税 1%，所得额在 75 元以上未满 150 元的就其超过额课税 2%，所得额在 150 元以上未满 300 元的就其超过额课税 4%，所得额在 300 元以上的一律就其超过额课税 6%。

1936 年颁布的《所得税暂行条例》规定，第二类薪给报酬所得以月计的或以年计的均按月平均计算课税；所得无定期或一时所得以各该月所得额计算课税。

1946 年修正《所得税法》规定，第二类甲项业务或技艺报酬所得的计算，以其每年执行业务或演出技艺期间收入总额，减除业务所房租、业务使用人薪给报酬、业务上必需的舟车旅费及其他直接必要的费用后的余额为所得额。③

---

① 中国第二历史档案馆：《中华民国工商税收史料选编》第四辑（上册），南京大学出版社 1994 年版，第 209–210 页。

② 中国第二历史档案馆：《中华民国工商税收史料选编》第四辑（上册），南京大学出版社 1994 年版，第 215–216 页。

③ 中国第二历史档案馆：《中华民国工商税收史料选编》第四辑（上册），南京大学出版社 1994 年版，第 176 页。

4.1.3　证券存款所得税

4.1.3.1　征免范围的修正

1936 年颁布的《所得税暂行条例》规定，第三类证券存款所得包括公债、公司债、股票及存款利息所得。第三类证券存款所得免税的有：各级政府机关存款，以用本机关户名存入代理公库银行或邮政储金汇业局者为限；公务员及劳工法定储蓄金，指依公务员储蓄条例及工人储蓄暂行规程办理者。前项公务员储蓄条例未公布施行前，各机关已施行公务员储蓄具有强制性质者，视为法定储蓄金；教育慈善机构或团体基金存款，指具有长期固定性质、用利不动本的定期存款或有特殊用途经主管机关核准动用本金及作为活期存款储蓄者而言；教育储金中每年所得息金未达 100 元者。1946 年修正《所得税法》将原第三类营利事业所得范围修正为：公债、公司债、存款及非金融机关借贷款项利息所得。1948 年第二次修正《所得税法》将原第三类营利事业所得修改为：利息所得，凡公债、公司债、存款及非金融机关借贷款项利息所得。

4.1.3.2　税率变更情况

1936 年《所得税暂行条例》规定，第三类证券存款所得税税率采用比例制，不设定免税点，无论所得多少均按 5% 课税。

《所得税暂行条例》公布后，不少学者认为所得税在税率设置上，应一律采用更为公平的累进税制。[①] 但 1943 年《所得税法》对第三类证券存款所得税税率进行调整时，仍然采用比例税率，只作了以下调整：原统一规定为 5%，《所得税法》第六条修正为：如为政府发行证券及国家金融机关存款储蓄所得应课税率为 5%，其他非政府发行证券及非国家金融机关存款储蓄所得应课税率为 10%。后者税率较原规定增加了 5%。后据金融界反映，公私银行存款利息所得税税率不同，对于金融市场构成影响，经财政部具情呈奉军事委员会委员长批示：《所得税法》第六条末段规定税率，准予暂缓施行，仍照该条前段政府发行证券及国家金融机关存款储蓄所得税率规定一律征课 5%。财政部随即于 1943 年 6 月 9 日电令各地执行。同年 10 月 13 日国民政府将《所

---

① 朱偰：《改进吾国所得税制度刍议》，《东方杂志》，1937 年第 34 卷第 7 号。

得税法》第六条条文修改为："第三类证券及金融机关之存款储蓄所得，其应课税率为5%"，并予以公布。①

1946年修正《所得税法》将原第三类所得税率修正为10%。1948年，第二次修正《所得税法》，又将第三类利息所得税税率修改为5%。

1936年《所得税暂行条例》规定，第三类所得，应由扣缴所得者或自缴所得者，于付给或领取利息后1个月内，将所得额依规定格式填报于主管征收机关，经核定后的所得额乘以适用税率，即为应纳税额。

4.1.4　财产租赁出卖所得税

国民政府财政部决定施行财产租赁出卖所得税，于1942年11月拟具财产租赁出卖所得税法草案，随同《所得税暂行条例》修正案一并呈报行政院转送立法院审议制定《财产租赁出卖所得税法》21条，由国民政府于1943年1月28日明令公布施行。其施行细则亦由行政院于同年6月2日核准，由财政部于7月9日公布实施。1946年修正《所得税法》后，将原《财产租赁出卖所得税法》中财产租赁所得并入《所得税法》，作为第四类"财产租赁所得"，稍后财政部直接税署于1946年6月11日发出《关于免征财产出卖所得税的代电》："查修正《所得税法》公布后，其财产出卖所得税在4月16日以后发生者，除依法课征综合所得税外，分类所得税应在免征之列。"，事实上等于废止了财产租赁出卖所得税法。

《财产租赁出卖所得税法》规定，凡土地、房屋、堆栈、码头、森林、矿场、舟车、机械的租赁所得或出卖所得，均征收财产租赁出卖所得税。下列各种所得免征所得税：财产租赁所得未超过3000元者，财产出卖所得未超过5000元者，农业用地出卖所得未超过1万元者；各级政府财产租赁所得或出卖所得；教育文化公益事业财产租赁所得或出卖所得全部用于各该事业者。其征收方法，除农业用地租赁所得税采用申报法外，其余均采用课源法。虽然不少专家学者认为地主的土地应纳入所得税范围征收财产租赁出卖所得税②，但财产租赁出卖所得税开征后，由于遭到农民的坚决反对与抵制，国民政府不得

---

①　金鑫等：《中华民国工商税收史》直接税卷，中国财政经济出版社1996年版，第77页。

②　朱偰：《改进吾国所得税制度刍议》，《东方杂志》，1937年第34卷第7号。

不于 1943 年 12 月 25 日令饬财政部,暂行缓征财产租赁出卖所得的土地部分。

财产租赁出卖所得税税率,均采用超额累进制。

财产租赁所得税税率为:所得额超过 3000 元至 25000 元者,就其超过额课税 10% ;所得额超过 25000 元至 50000 元者,就其超过额课税 15% ;所得额超过 50000 元至 100000 元者,就其超过额课税 20% ;所得额超过 100000 元者,每增 100000 元,就其超过额递加课税 5% ,最高递至 80% 为限。

财产出卖所得税税率为:农业用地出卖所得超过 1 万元至 5 万元者,或征课范围所列其他财产出卖所得超过 5000 元至 5 万元者,均各就其超过额征收 10% ,其出卖所得超过 5 万元的部分,按下列税率征税:所得额超过 5 万元至 15 万元者,就其超过额课税 14% ;所得额超过 15 万元至 30 万元者,就其超过额课税 16% ;所得额超过 30 万元至 50 万元者,就其超过额课税 18% ;所得额超过 50 万元至 75 万元者,就其超过额课税 20% ;所得额超过 75 万元至 100 万元者,就其超过额课税 22% ;所得额超过 100 万元至 125 万元者,就其超过额课税 25% ;所得额超过 125 万元至 150 万元者,就其超过额课税 30% ;所得额超过 150 万元至 175 万元者,就其超过额课税 35% ;所得额超过 175 万元至 200 万元者,就其超过额课税 40% ;所得额超过 200 万元以上者,就其超过额课税 50% 。[①] 应该说,财产出卖所得税的税负是比较重的,这跟所得税限制资本的出发点和抗日战争的历史背景有关。

财产租赁所得税以每年租赁总收入减除改良费用、必要损耗及公课后的余额为应税所得额,改良费用及必要损耗的减除额以租赁总收入额 30% 为标准。财产租赁收入以出产物计算者,应按各年该出产物出产后 3 个月内平均市价换算,其换算的平均市价由当地主管征收机关调查核定公布。如租赁价格双方当事人遇有争议时,由主管征收机关核定一暂缴额,俟价格决定后或裁定后多退少补。有下列两种情形的在计算时可申请减除:一是出租财产遇有收回自用或自行留用一部分的,其收回或留用部分得予剔除,不列入所得额课税;二是财产租赁所得额的计算,除以每年租赁总收入减除改良费用必要损耗及公课后的余额为所得额外,若有意外或不可抗力的损失,纳税义务人可提出确证申请减

---

① 杨昭智:《中国所得税》,商务印书馆 1947 年版,第 92 – 93 页。

除。下列各种情形应并入课税：凡自用的财产于呈报营利事业所得税，列支租金者，仍应课征租赁所得税；出租两处或两处以上财产其所属权属于一个人的，合并计算所得额；财产租赁附有押租的，其押租利息应视同租赁所得并入课税，前项利息准照当地银钱同期的存款利率计算。财产租赁所得税计算公式为：

$$纳税额 = 租赁总额 - （改良费 + 必要损耗 + 公课） \times 税率$$

财产出卖所得以其出卖价格减除原价的余额为所得额，其原价的计算方法为：财产取得或建造在 1937 年 7 月 1 日以后的，均以取得或建造价格为原价；财产取得或建造在 1937 年 6 月 30 日以前的，除纳税义务人能提供确实的原取得或建造价格以其提供价格为原价外，依下列标准评定原价：农村土地、房屋、森林、矿场，均以出卖价格 30% 为原价；城市土地、房屋、堆栈、码头、舟车、机械，均以出卖价格 20% 为原价。财产出卖价格当事人遇有争议时，由主管征收机关核定一暂缴税额，俟价格最后决定或裁定后多退少补。下列情形在计算时可申请减除：凡以买卖财产为营业者，其出卖所得照所得税法第一类营利事业所得税甲乙两项的规定课税，不另征收财产出卖所得税；凡出卖土地已纳土地增值税的，其已纳税额准在应纳财产出卖所得税中减除；财产出卖所得额的计算，如有必要的佣金及公课，可依实际支付额扣除。出卖两处或两处以上的财产，其所有权属于一个人的，应合并计算所得额。①

4.1.5　财产租赁所得税

1946 年 4 月 16 日公布施行的修正《所得税法》，将原《财产租赁出卖所得税法》中财产租赁所得并入，作为第四类"财产租赁所得"，征收财产租赁所得税。

第四类财产租赁所得包括：甲、土地、房屋、堆栈、森林、矿场、渔场租赁所得；乙、码头、舟车、机械租赁所得。1948 年《所得税法》第二次修正，原规定有土地、房屋等 9 项的第四类财产租赁所得经改定为土地、建筑物、舟车、机械等 4 项。

---

① 杨昭智：《中国所得税》，商务印书馆 1947 年版，第 88 - 91 页。

第四类财产租赁所得税率原分 15 级，原规定自所得额超过 3000 元至 25000 元的就其超过额课税 10% 起，至所得额超过 100000 元的，每增 100000 元就其超过额递加课税 5%，最高递进至 80% 止。根据 1946 年修正《所得税法》规定，修正后的第四类财产租赁所得税税率降低较多：甲项所得税率共分 12 级，自所得额超过 50000 元至 100000 元的就其超过额课税 3% 起，至所得额超过 700 万元以上的一律就其超过额课税 25% 止；乙项所得税率，依前项所得税率加征 10%。[①]

国民政府财政部根据《调整条例》调整公布的 1947 年度所得税免税额及税率为：第四类甲项土地、房屋、堆栈、森林、矿场、渔场租赁所得免税额为年所得未超过 26 万元者，税率分为 12 级，第 1 级所得额超过 26 万元至 53 万元者就其超过额课税 3%，至第 12 级所得额超过 3675 万元以上者一律就其超过额课税 25%；第四类乙项码头、舟车、机械租赁所得免税额同第四类甲项所得，应课税额依第四类甲项税率加征 10%。1948 年第二次修正《所得税法》，规定第四类财产租赁所得税起征额为每年所得额满 2000 万元者，税率为 4%。1848 年 8 月币制改革后，财产租赁所得税之起征额调整为每年所得额满金圆 80 元者，税率为 4%。1949 年《所得税法》第三次修正，财产租赁所得税起征额调整为每年所得额满 60 元者，税率仍未 4%。从 1948 年以来的调整情况看，财产租赁所得税的税率有较大降低。

财产租赁所得税以各该起租赁收入总额减除改良费用必须损耗、公课后的余额为所得额，按照适用税率计算出应纳税额。[②]

4.1.6 一时所得税

1946 年 4 月 16 日公布施行的修正《所得税法》，将原《所得税法》的第一类丙项"属于一时营利事业之所得"划分出来，单独列为第五类"一时所得"。

第五类一时所得包括：甲、行商一时所得；乙、其他一时所得。

1946 年修正《所得税法》规定，第五类一时所得的税率采取超额累进制，

①② 孙邦治：《中国所得税会计学》，川康区直接税局经济研究室 1947 年版，第 62 页。

自所得额超过 2 万元至 5 万元者课税 6% 起，至所得额超过 500 万元以上者一律课税 30% 止，共分 9 级。原《所得税法》规定一时营利事业所得能按资本额计算者，依税法第一类甲、乙两项所得应课税率课税，自所得占资本额 10% 未满 15% 者课税 4% 起，至所得占资本额 70% 以上一律课税 20% 止，共分 9 级；而不能按资本额计算者，自所得在 200 元以上未满 2000 元者课税 4% 起，至所得在 20 万元以上者课税 30% 止，共分 14 级。比较修正《所得税法》前后税率可知，税率水平基本变动不大，只是由于通货膨胀因素，免税额与课税所得额提高较大。

1947 年，财政部根据《调整条例》将第五类一时所得的免税额调整为每次或每期所得未超过 5 万元，税率分为 9 级，第 1 级所得额超过 5 万元至 12 万元者，课税 6%，至第 9 级所得额超过 1150 万元以上者一律课税 30%。1948 年第二次修正《所得税法》规定，第五类一时所得税起征额为每次所得额满 1000 万元，税率为 6%。1848 年 8 月币制改革后，所得税起征额调整为每次所得额满金圆 40 元，税率为 10%。1949 年《所得税法》第三次修正，一时所得税起征额为每次所得额满 30 元，税率为 10%。

第五类一时所得的计算，以各该期或每次的收入额，减去其原有本金及获得收入的必要开支后的余额为所得额。[①] 一时所得额乘以适用税率，即为应纳所得税。1948 年第二次修正《所得税法》，规定行商一时所得的计算，以其每次售货收入减除 90% 成本开支后的余额为所得额。

4.1.7　分类所得税调整利弊分析

分类所得税从最初的三类逐渐增加为五类，各类所得税的正面范围、税率及计算方法也变动较大，税制从总体上来说逐渐改进，但也有利有弊。分类所得税的范围逐渐扩大，使所得税几乎覆盖国民的所有所得，征收更为普遍，也有利于税源增加。而且从立法状况来说，营利事业所得税、薪给报酬所得税、证券存款所得税从刚开始的法规规定到后来正式立法确立，财产租赁出卖所得税、一时所得税等立法程序较为齐备，所得税越来越法制化。但是，分类所得

---

① 中国第二历史档案馆：《中华民国工商税收史料选编》第四辑（上册），南京大学出版社 1994 年版，第 176 页。

税的修正和调整过于频繁，不利于民众较好地掌握相关的法律规定，给顺利推行造成了很大障碍。并且，由于即使频繁修正和调整仍然跟不上通货膨胀的速度和经济社会的急剧变化，"虚盈实税"的现象普遍存在，特别是民国后期纳税人的抵触情绪很大，拖欠、抗缴税款行为大量发生。

4.2　综合所得税变动状况

所得税实施后，扩大征收范围与征收综合所得税的呼声一直不断。有的学者认为，在可能范围内各类所得税宜合并征收，以渐进于综合所得税。[①] 1946年 4 月 16 日，国民政府公布施行修正后的《所得税法》，将原分类所得税制发展分类所得税与综合所得税并行的税制，至此开始征收综合所得税。

4.2.1　征免范围的变动

综合所得税的征税范围为：个人所得除依照规定征课分类所得税外，其所得总额超过 60 万元者，应加征综合所得税。所得总额指合个人全年的营利事业投资所得、薪给报酬所得、证券存款所得、财产租赁所得、财产出卖所得、一时所得。个人所得总额全年在 60 万元以下者免征综合所得税，共同生活的家属或必抚养的亲属每人减除 10 万元，家属中有中等以上学生者每人减除 5 万元。[②]

财政部根据《调整条例》调整公布 1947 年度综合所得税免税额为个人全年所得总额未超过 184 万元者，并可减除：共同生活的家属或必须扶养的亲属每人 31 万元；家属中有中等以上学校学生每人 15 万元。

1948 年第二次修正《所得税法》将综合所得税的征课范围修改为：第二、第三、第四、第五各类所得与投资于营利事业分配盈余所得，其综合所得达起征额者，应加征综合所得税。第一类所得不征综合所得税，缩小了综合所得税征课范围。综合所得税的免征额修改为每年综合所得未超过 3 亿元者，宽减额为：抚养亲属每人 1500 万元；教育每人 1000 万元。

---

① 朱偰：《改进吾国所得税制度刍议》，《东方杂志》，1937 年第 34 卷第 7 号。
② 杨昭智：《中国所得税》，商务印书馆 1947 年版，第 109 – 110 页。

1848 年 8 月币制改革后，综合所得税免征额调整为每年综合所得额未超过金圆 2000 元者，宽减额为：抚养亲属每人金圆 100 元，教育每人金圆 50 元。

1949 年《所得税法》第三次修正，综合所得税免征额调整为每年综合所得额未满 500 元者，宽减额为：抚养亲属每人 30 元，教育每人 20 元。

4.2.2　税率变更情况

综合所得税的税率为：所得总额超过 60 万元至 100 万元者，就其超过额课税 5%；所得总额超过 100 万元至 200 万元者，就其超过额课税 6%；所得总额超过 200 万元至 400 万元者，就其超过额课税 8%；所得总额超过 400 万元至 600 万元者，就其超过额课税 10%；所得总额超过 600 万元至 800 万元者，就其超过额课税 13%；所得总额超过 800 万元至 1000 万元者，就其超过额课税 16%；所得总额超过 1000 万元至 1500 万元者，就其超过额课税 20%；所得总额超过 1500 万元至 2000 万元者，就其超过额课税 24%；所得总额超过 2000 万元至 3000 万元者，就其超过额课税 29%；所得总额超过 3000 万元至 4000 万元者，就其超过额课税 35%；所得总额超过 4000 万元至 5000 万元者，就其超过额课税 42%；所得总额超过 5000 万元以上者，一律就其超过额课税 50%。因综合所得税系属初创，税率力求适中，过高易引起逃税及征收困难，过低则失去征收综合所得税以能力为征收原则及矫正财富不均的意义。[1]

财政部根据《调整条例》调整 1947 年度综合所得税税率为：自第 1 级所得总额超过 184 万元至 307 万元者就其超过额课税 5%，至第 12 级所得总额超过 15350 万元以上者一律就其超过额课税 50%，共分 12 级。

1948 年第二次修正《所得税法》将综合所得税的税率修改为：自所得额超过 3 亿元至 5 亿元者就其超过额课税 5%，至所得额超过 3000 亿元以上一律就其超过额课税 40%，共分 9 级，最高税率有所减轻。

1848 年 8 月币制改革后，综合所得税税率调整为：所得额超过金圆 2000

---

① 杨昭智：《中国所得税》，商务印书馆 1947 年版，第 118－119 页。

元至 3000 元者，就其超过额课税 5%；所得额超过金圆 3000 元至 5000 元者，就其超过额课税 7%；所得额超过金圆 5000 元至 7000 元者，就其超过额课税 10%；所得额超过金圆 7000 元至 10000 元者，就其超过额课税 15%；所得额超过金圆 10000 元至 15000 元者，就其超过额课税 20%；所得额超过金圆 15000 元至 20000 元者，就其超过额课税 30%；所得额超过金圆 20000 元者，一律就其超过额课税 40%，共分为 7 级。

1949 年《所得税法》第三次修正，综合所得税税率调整为：所得额在 500 元以上未满 700 元者，就其超过额课税 5%；所得额在 700 元以上未满 1000 元者，就其超过额课税 7%；所得额在 1000 元以上未满 1400 元者，就其超过额课税 10%；所得额在 1400 元以上未满 1900 元者，就其超过额课税 14%；所得额在 1900 元以上未满 2500 元者，就其超过额课税 19%；所得额在 2500 元以上未满 3200 元者，就其超过额课税 25%；所得额在 3200 元以上未满 4000 元者，就其超过额课税 32%；所得额在 4000 元以上者，一律就其超过额课税 40%，共分为 8 级。

综合所得税按照所得总额依适用税率加征，而所得总额包括营利事业投资所得、薪给报酬所得、证券存款所得、财产租赁所得、财产出卖所得和一时所得，这些所得依以下规定计算：第一类营利事业投资所得，就其应得的股息与摊分的红利及其他利益计算所得额，其独资者就其全部纯益计算所得额；薪给报酬所得、证券存款所得、财产租赁所得和一时所得依分类所得税相关规定计算；财产出卖所得以其出卖价格减除原价及必要的佣金与公课后的余额为所得额，上项原价以财产取得或建造价格计算。其因年久失据，不能提供证明者，由主管征收机关参酌取得或建造当时的实际情形，就出卖价格 15% ~ 50% 的限度内核定。所得可减除的共同生活的家属及必须抚养的亲属按民法规定认定，其非必须抚养的亲属同居一家，视为家属者，不问是否由户主抚养，于计算所得总额时不适用减除的规定。必须抚养的亲属，由家分离自立一家，而经济划分者，或已成年，或未成年而已结婚的家属别居一所，经济独立而足以自给者，均应分别计算所得总额。上项亲属或家属在年度中间分离或别居者，其分离或别居前的直接所得，仍应按规定并入原户主所得内合并计算所得总额，其应有的减除额，并应各就时间、比例换算分别减除。共同生活的家属有直接所得，其所得按 3/5 并入户主内合并计算所得总额。所谓家属的直接所得，指其薪给报酬所得及持有财产的利润和利息所得。[①]

4.2.3　综合所得税调整利弊分析

综合所得税开征较晚，到国民政府在大陆垮台只开征 3 年左右时间，期间进行了一些调整和修正，这些调整和修正亦各有利弊。综合所得税的各次调整，在一定程度上考虑了物价上涨等经济变动情况，使纳税人的税收负担相对更合理一些。综合所得税的税率在调整后比最初有所降低，这也更符合当时民众经济状况普遍不理想的现实。但跟分类所得税的调整类似，综合所得税虽然频繁调整，仍然跟不上通货膨胀速度，普遍存在"虚盈实税"的情况。而由于综合所得税是在分类所得税基础上加征，因而更加重了民众的负担，各方抵触很大，这也是综合所得税征收不理想的重要原因。

4.3　过分利得税问题

4.3.1　利得税概述

国民政府曾于 1938 年开始征收过分利得税，名为非常时期过分利得税。过分利得税，又称战时利得税，由瑞典、丹麦等中立国家在第一次世界大战时的 1915 年创行，其后交战各国相继开征。第二次世界大战爆发后，各交战国多依前例征收，于战时财政贡献甚大。战时因交通阻滞，物资供需失调，物价高涨，各营利事业乃获致成倍超过平时的利润，是为过分利得，对其所得课税，称为过分利得税。[②] 抗日战争爆发后，因物价上涨、人口迁移以及对若干物品的特殊需要，使一部分人不劳而获得大量额外的利益，社会舆论纷纷要求对此征收重税，以达到战时有钱出钱的原则，使负担均衡。为此，在孔祥熙等人的推动下，国民政府于 1938 年 10 月 28 日明令公布了《非常时期过分利得税条例》，规定营利事业超过资本在 2000 元以上，其利得超过资本 15%，或

---

① 杨昭智：《中国所得税》，商务印书馆 1947 年版，第 128 – 130 页。

② 金鑫等：《中华民国工商税收史——直接税卷》，中国财政经济出版社 1996 年版，第 175 页。

财产租赁利得超过财产价额 12% 者，一律课征过分利得税，税率均采超额累进制，自 10% 至 50%。1939 年 1 月 1 日过分利得税开征。①

　　1939 年 7 月 6 日，《非常时期过分利得税条例》又作修正。1939 年 9 月 12 日，行政院公布了《非常时期过分利得税条例施行细则》。1940 年 3 月 25 日，财政部直接税处公布《一时营利事业计征利得税暂行办法》，同年 4 月 25 日公布《征收非常时期过分利得税宽恤小商及救济战事损失办法》，1941 年 1 季度，又公布《修正一时营利事业计征利得税暂行办法》。1943 年 1 月，施行财产租赁出卖所得税，将过分利得税中的财产租赁利得划出并入财产租赁所得中征收。同年 2 月 17 日，国民政府公布《非常时期过分利得税法》，只对营利事业征收过分利得税。1943 年 7 月 9 日，财政部公布行政院核准的《非常时期过分利得税法施行细则》。抗战胜利后，依照《收复区直接税征免办法》的规定，收复区一律依《非常时期过分利得税法》从 1946 年 1 月起征收过分利得税。鉴于抗战结束后各界纷纷要求停征过分利得税，国民政府于 1947 年 1 月 1 日公布《特种过分利得税法》，对营利事业利得超过资本额 60% 的除依《所得税法》征收分类所得税外，加征特种过分利得税。同时，废止《非常时期过分利得税法》。行政院还于 1947 年 2 月 8 日公布施行《非常时期过分利得税法施行细则》。由于社会各界强烈反对，国民党政府被迫于 1948 年 4 月 1 日明令废止《特种过分利得税法》，自当年起不再征收，过分利得税从此寿终正寝。

4.3.2　征免范围的变动

　　1938 年《非常时期过分利得税条例》规定，过分利得税的征税范围：一为营利事业过分利得，凡公司、商号、行栈、工厂或个人资本在 2000 元以上的营利事业，官商合办营利事业及一时营利事业其利得超过资本额 15% 者；二为财产租赁利得超过财产价额 12% 者。凡由战区迁入内地的工厂，其因战事受有重大损失的营业，经查明属实暂予免税。

　　1939 年《修正非常时期过分利得税条例》提高了起征点，修正为营利事

---

① 严云强：《孔祥熙与战时税制》，西南大学硕士学位论文，2006 年。

业利得额超过资本额 20% 者起征，财产租赁利得超过其价 15% 者起征。同时，改订了免税条文，改为凡由战区迁入内地的工厂及因战事受有重大损失的营业，经查明属实者暂予免税。免税范围由内迁工厂扩大到内地工商业，有利于税负公平，减少抵触情绪。

由于财政部于 1943 年 1 月施行财产租赁出卖所得税，将过分利得税中的财产租赁利得划出并入财产租赁所得中征收，而且其税率最高达 80%，因此 1943 年《非常时期过分利得税法》缩小了课税范围，只对营利事业过分利得一项征税。

1947 年《特种过分利得税法》规定特种过分利得税的课税范围为：凡在中华民国领域内及中华民国人民在国内有住所而在国外有下列营利事业，其利得超过资本额 60% 者，除依《所得税法》征分类所得税外，加征特种过分利得税；买卖业，包括专以贩卖农产品或工业制造品的行商及住商营业；金融信托业，包括银行、银公司、银号、钱庄、信托公司、保险公司、投资公司、地产公司等；代理业，包括代办行纪、居间业等；营造业，包括营造厂、建筑公司等；制造业，包括制造及加工改造的工业与加工业。以上营利事业，包括各级政府所办及官商合办的营业。营利事业属于教育文化、公益慈善事业，而其利得全部用于本事业者，免纳特种过分利得税。从中可以看出，《特种过分利得税法》对课税范围规定得较为详细。

4.3.3 税率变更情况

1938 年《非常时期过分利得税条例》规定的过分利得税税率采取超额累进制，其中，营利事业过分利得税税率为：利得额超过资本额 15% 至 20% 者，其超过额征 10%；利得额超过资本额 20% 至 30% 者，其超过额征 15%；利得额超过资本额 30% 至 40% 者，其超过额征 20%；利得额超过资本额 40% 至 50% 者，其超过额征 30%；利得额超过资本额 50% 至 60% 者，其超过额征 40%；利得额超过资本额 60% 者，其超过额一律征 50%，分为 6 档。财产租赁过分利得税税率为：利得额超过其财产价额 12% 至 20% 者，其超过额征 10%；利得额超过其财产价额 20% 至 30% 者，其超过额征 15%；利得额超过其财产价额 30% 至 40% 者，其超过额征 20%；利得额超过其财产价额 40% 至

50% 者，其超过额征 30%；利得额超过其财产价额 50% 至 60% 者，其超过额征 40%；利得额超过其财产价额 60% 者，其超过额一律征 50%，亦为 6 档。

1939 年《修正非常时期过分利得税条例》将起征点提高为营利事业利得额超过资本额 20% 者和财产租赁利得超过其价 15% 者，税率亦作了相应变更，营利事业过分利得税税率自利得额超过资本额 20% 至 25% 者，其超过额征 10%；利得额超过资本额 25% 至 30% 者，其超过额征 15%，至利得额超过其财产价额 60% 者，其超过额一律征 50%，后 4 档与条例规定相同。财产租赁过分利得税税率自利得额超过其财产价额 15% 至 20% 者，其超过额征 10%，至利得额超过其财产价额 60% 者，其超过额一律征 50%，后 5 档与条例规定相同。

1943 年《非常时期过分利得税法》规定的税率与《修正非常时期过分利得税条例》相比有所提高：利得额在资本额 20% 以上至 30% 者，维持原税率；利得额超过资本额 30% 以上 35% 者，按其超过额征 20%，至利得额超过资本额 200% 以上者，其超过额一律征 60%，共分为 11 档，税负也有所提高。

1947 年《特种过分利得税法》规定，特种过分利得税的税率仍采超额累进制：利得额超过资本额 60% 至 70% 者，按其超过额课税 10%，至利得额超过资本额 500% 以上者，按其超过额一律课税 60%，共分 13 级，分级更细。

4.3.4　计算方法的调整

按照 1938 年《非常时期过分利得税条例》规定，营利事业资本额、利得额的计算及资产估价，适用《所得税暂行条例》关于资本额、所得额及资产估价规定，但公积金不得并入资本计算。已纳或应纳所得税及财产折旧，于计算过分利得额时不予减除。营利事业利得按营业年度计算而其营业期间不满 1 年者，应按其利得额及营业期间的比例换算其全年度利得额，以决定应课税率，再就其应税期间利得额依决定的税率算出应纳税额。财产租赁利得不以年计者，准用前项规定。①

---

① 中国第二历史档案馆：《中华民国工商税收史料选编》第四辑（上册），南京大学出版社 1994 年版，第 501 页。

1939 年《修正非常时期过分利得税条例》规定，已纳或应纳所得税及第一条第二款财产折旧，于计算过分利得额时不予减除。

1943 年《非常时期过分利得税法施行细则》规定：一时营利事业利得，其营业期间不满 1 年者，应按其利得额及营业期间比例换算其全年度利得额，以决定应课税率，再就其营业期间利得额依决定的税率计算应纳税额。

1947 年《特种过分利得税法》，对特种过分利得税的计算方法进行了明确：应征特种过分利得税的营业，其利得额的计算依照准用《所得税法》规定，但已纳或应纳所得税于计算过分利得税额时不予扣除。在公司组织，以实在缴足的股金计算；在合伙、独资或其他组织，以实际投入本金计算，不包括信用或劳务出资。前项营利事业资本额的计算，依照《所得税法》规定，系指不论公司或合伙、独资营业的资本额，均得依照《所得税法》规定办法调整计算，但行商及以基金额或资本周转率、利得率核计资本者，不在其内。外商企业在华所设分支店、营业所与本店之资本营业并不完全划分独立者，以其本店拨定各该分支店、营业所的基金额为其资本额。其分支店、营业所在两个以上而有隶属关系应予合并课税者，就其各分支店、营业所全部基金额合并计算为其资本额。①

4.3.5　实施情况分析

4.3.5.1　实施困难重重

《非常时期过分利得税条例》由国民政府明令公布后，由于商家一时税负增加较大，开征遇到很大阻力，许多工商业者认为既征了所得税，又要征过分利得税，是税上加税，特别是各地商会纷纷要求暂缓施行。如重庆市商会在收集各同业公会意见的基础上，于 1938 年 12 月 31 日向财政部陈述修正《非常时期过分利得税条例》的 10 项意见，主要有：过分利得的计算，营利事业利得的起征点定为 15%，财产租赁利得的起征点定为 12%，实觉过低，因为这

① 中国第二历史档案馆：《中华民国工商税收史料选编》第四辑（上册），南京大学出版社 1994年版，第 520－521 页。

个最低利得比例不能称为过分利得，请求将起征点酌予提高；起征日期定于
1938 年 7 月 1 日，而《非常时期过分利得税条例》系于 1938 年 10 月 28 日公
布，追溯既往有困难，请改从 1939 年 1 月 1 日起征；内地商人，殷实者少，
多赖营业所得维持一家生计，请降低利得税税率改从 5% 起征；资本利息及公
益慈善捐款等项开支，在计征所得税时，征收机关认为非合理费用，不准列
支。《非常时期过分利得税条例》对资本额、利得额之计算，既准用《所得税
暂行条例》的规定，请求在计算过分利得税时，应准列支；公益慈善文化事
业的财产租赁所生滋息，即使有过分收益，究非营利事业可比，请免予征税，
等等。对以上 10 项意见，财政部于 1939 年 1 月 12 日批复，对开征日期、公
益慈善事业捐款准予列为开支等数项予以采纳，要求其余各项在税法未修正前
仍应执行。[①] 另外，还采取了一些措施减轻小工商业者的税负，如财政部所得
税事务处于 1940 年 4 月 25 日公布了《征收非常时期过分利得税宽恤小商及救
济战事损失办法》，对每年利得额在 5000 元以下的小商及遭受战事损失的营利
事业给予税法规定以外的照顾。

　　经过较大的妥协之后，非常时期过分利得税总算开征起来了。但由于该税
本属非常时期的一种非常措施，相关法规和征管办法亦不够健全。如 1940 年
4 月 23 日，《所得税事务处解释以径行决定征收的利得税不得要求复查的训
令》中下令有关各地，因过分利得税对逾限不报无处罚规定，其径行决定不
得请求复查，并非有所抵触，实则兼具惩罚作用。从中可以看出，对逾限不报
连处罚规定都没有的《非常时期过分利得税条例》本身就欠妥当，在对相关
违法行为没有处罚的法律明文依凭的情况下，要收到税就只有靠强权了。而径
行决定不得请求复查的做法，本身就透着官府机构的强权，纳税人有理也无处
申诉，不满情绪可想而知。因此，抗缴税款的现象层出不穷。如江西黎川县李
兴记商号以未奉查定通知书理难履行纳税义务为由拒缴 1942 年度过分利得税
1014.25 元，财政部江西税务征管局黎川税务征收局于 1943 年 12 月 26 日通
知限期缴纳，该商号一直未遵缴。逾期三个月后征收机关提起诉讼，江西高等
法院黎川临时庭刑事裁定依法限期缴清并对过分利得税款处以罚锾 1000 元。

---

　　① 金鑫等：《中华民国工商税收史——直接税卷》，中国财政经济出版社 1996 年版，第
183－184 页。

后被告人又上诉至江西省高等法院。① 又如江西黎川县荣记商号法定代表人李流卿以该号生意凋敝，亏折太多已于 1943 年 2 月间宣告歇业，税局核定数额过重，征收机关不按账簿核算即核定税款催令缴纳过分利得税 4118.5 元为由，不服江西高等法院黎川临时庭刑事裁定限期缴纳税款并罚款 4000 元的裁定而上诉至江西省高等法院。② 又如江西南昌市国泰绸布号法定代理人张绳武以利得税额决定过高，已呈请核减尚未奉来批示为由，欠缴征收机关核定的过分利得税 26.8 万元，并不服江西南昌地方法院限期缴纳并罚款 30 万元的裁定，抗告至江西省高等法院。③ 这样的利得税上诉案和抗告案例在全国各地甚至是一个县的范围内都不是个别的，抗缴利得税的商户们上诉和抗告理由尽管各有不同，但从这些案例中可以看出，其出发点都是不情愿缴纳利得税，而表示强烈不满。

1947 年《特种过分利得税法》公布施行后，工商界及社会舆论反对之声更强了。以往非常时期过分利得税之所以能够开征，很大原因是因为纳税人的爱国热情。而开征特种过分利得税，却是在抗战后内战时期，工商凋敝，民穷财尽，真正的特种过分利得少之又少，在没有税源的情况下要收到税，无异于竭泽而渔。因此，各界反对的声浪越来越大。在强行开征后，各地工商界纷纷抵制，软拖硬抗，收入急剧下降，难以征收下去。

4.3.5.2　采取各项措施推动征收

在过分利得税开征阻力重重的情况下，国民政府当局为了征收预期税款以缓解财政危机，采取了一些有针对性的措施。

1. 加强宣传。

为了让民众普遍理解开征非常时期过分利得税的意义，认同营利事业与财产租赁的过分利得是战争环境造成的超额所得，开征过分利得，不仅符合赋税公平的原则，也符合战时财政的需要，并让社会了解相关税法规定，当局加强

---

① 《李兴记不依限缴纳所利得税上诉案》，江西省高等法院，江西省档案馆档案号：J18 - 7 - 7827。

② 《李流卿不依限缴纳所利得税上诉案》，江西省高等法院，江西省档案馆档案号：J18 - 7 - 7828。

③ 《国泰绸布号违反所利得税法抗告案》，江西省高等法院，江西省档案馆档案号：J18 - 7 - 10511。

了对非常时期过分利得税的宣传，国民政府的主要领导人也亲自上阵。1938年10月28日公布《非常时期过分利得税条例》后，国民政府主席林森即于同年11月7日在国民政府举行的国民党总理纪念周会上作了关于开征非常时期过分利得税的报告，指出："过分利得税是极适合于抗战时期的税制。在财政政策立场上和社会政策立场上说来，都是最合理想的政策。何以呢？现在我国对日为民族的生存、国家的独立而战，前方许多将士正在拼命奋斗，许多难民也在流离失所无家可归的时候，而后方工商各业有的借此获得意外过分的财富，有的竟然高抬物价，以致货物价格比平时高至一倍或数倍或十余倍不等……又有一部分的后方房主，竟然大加其房租，使战区避难人民更受加倍的负担。这种过分利得，既因国家抗战的缘故而来，自然也应该对国家纳税而支出，把过分利得的一部分缴交国库，作为抗战的经费。去作抗战经费一部分的财源才合理……现在国民政府业经根据立法院的决议，把这种非常时期过分利得税的条例公布施行了。这税是按各级利得超额累进征税，非常公平。务望各界不要隐匿不报，不要虚伪申报，切实照章纳税，以增加抗战的财源，而加强长期抗战力量。"① 林森的讲话其目的还是为了多征到税，而非主要为调剂贫富，平抑物价，但也显示了政府开征非常时期过分利得税的决心，促进了新税开征。

财政部直接税处也大力进行非常时期过分利得税的宣传辅导，编印宣传手册发至基层和各商会，并组织税务人员及企业相关人员学习培训。不少新闻媒体也对开征非常时期过分利得税大造声势，如《大公报》评论国民政府对于实施非常时期过分利得税"过于持重"。《新华日报》则说得更严厉：非常时期过分利得税，以前因商人反对而延缓其进行的时期，是不能令其再现的。如果让其扩展下去，则国计民生，将一天比一天受到威胁。② 经过一段时间的宣传，社会对非常时期过分利得税的抵触有所减少，各地请求缓免之声亦稍加缓和，征收工作得以推开。

2. 改进制度和征收办法。

一是对《非常时期过分利得税条例》及其实施细则中在税收政策、纳税

---

① 中国第二历史档案馆：《中华民国工商税收史料选编》第四辑（上册），南京大学出版社1994年版，第27-28页。

② 严云强：《孔祥熙与战时税制》，西南大学硕士学位论文，2006年。

申报和税款征收等方面进行了充实和改进,如针对一时营利事业利得标准难以确定的情况,财政部所得税事务处于 1940 年 3 月 25 日颁布了《一时营利事业计征利得税暂行办法》,规定了一时营利事业过分利得税的计算方法和计算手续。

二是实行简化稽征办法,以简化征收手续,抑制偷税。财政部于 1944 年 8 月 5 日公布《三十三年度所得税及利得税简化稽征办法》,以不同行业 1943 年度的销货额、收益额或资本额为计算根据,再以 1940 年、1941 年、1942 年三个年度计征所、利得税的有关资料计算出各该商应课税的标准纯益额。并且,由征收机关会同所得税审查委员会、商会及同业公会,公开评定应纳税额。这种方法虽然对征到税有帮助,但摊派之嫌,与利得税立法精神相违背。

3. 强化征管。

一是对非常时期过分利得税征纳情况进行定期抽查。每年 7 ~ 9 月派员到各地抽查各征收机关办理事宜,抽查发现其应纳税额与核定税额有所增减时,交由当地主管征收机关填具抽查退税或补税通知书,通知纳税人领还或补缴。这项措施对各级征收机关既是监督,又起到了督促作用。

二是打击拒报拒缴。由于许多商人对非常时期过分利得税抵触情绪很大,而且利用乱世乘机囤积居奇,操纵物价,大获厚利的不法巨商大多地位特殊、关系复杂,这些巨商往往多方隐瞒希图逃税,或恃势拒报拒缴,影响恶劣。为了抑制少数商人拒报拒缴,迭请缓免,行政院于 1940 年 7 月 3 日电令各省市政府,凡有具呈请免者,即予以驳斥,以肃税政,并分令各地主管稽征机关加紧查催。1942 年 1 月 20 日,又下发了由主席林森、行政院院长蒋中正、司法院院长居正等签发的《国民政府关于由法院追缴利得税的训令》,规定对蔑视法纪、妨碍抗建财源的欠缴利得税的不法商人,由各地直接税局移请法院追缴利得税,不论纳税人是否起诉,法院都应予切实追缴,以裕库收而利税政。[①] 虽然这项措施有行政干预司法和剥夺纳税人司法救济之嫌,但在当时的情形之下对利得税的征收还是颇为有效的。由于采取较为严厉的措施,同时加强宣传引导,拒报拒缴之势得以遏制。

---

① 中国第二历史档案馆:《中华民国工商税收史料选编》第四辑(上册),南京大学出版社 1994 年版,第 509 – 511 页。

三是奖励举报。由于过分利得税税率较高，鉴于一些不明大义的纳税义务人伪造账据，虚报开支，千方百计偷逃利得税，稽征人员苦于难以查核，国民政府财政部于 1940 年 2 月 16 日下发《过分利得税告密人赏金暂行办法》，发动群众，奖励检举，颇受实效。但奖励举报的办法也造成了社会的骚动，不仅在客观上阻碍了民族工商业的发展，破坏了税基，而且还败坏了社会道德，激化了社会矛盾，并在部分地区引发集体抗税现象。

4.3.5.3　开征弊大于利

过分利得税从 1939 年 1 月 1 日起开征，至 1948 年 4 月 1 日国民政府明令废止《特种过分利得税法》时止，历时 9 年有余。1940～1947 年各年的利得税收入为：292 万元、6610 万元、35932 万元、121997 万元、199807 万元、373018 万元、306929 万元、16661463 万元，1948 年上半年为 7562160 万元。过分利得税法开征以后，在抗战期间增收明显，其中，1942～1945 年，过分利得税收入还超过所得税收入，对增加抗战财源、抑制投机倒把、平抑物价等方面，起到了一定的作用。[①] 但抗战结束后，虽然在收入数字上好像越来越大，实际是通货膨胀越来越严重所致。由于民众的坚决反对和抵制，过分利得税收入事实上越来越少，最后难以征收下去。

总的来说，过分利得税的开征弊大于利，因为工商各业既征收营利事业所得税，又征收特种过分利得税，实属重复征收，大大加重了商家负担，严重阻碍商家扩大再生产。而且，倚靠权力和关系获得暴利的巨商大贾，特别是处于垄断地位的官僚资本家，由于其特权反而容易逃避过分利得税，无权无势的商家则要承担重税，造成严重的税负不公。同时，由于过分利得税率很高，诚实者不知逃避，负担奇重；狡猾者逃避税收，负担反轻，助长人心险恶、道德堕落之风，开征的后果与开征初衷相背离。最终，国民政府只得于 1948 年 4 月 1 日明令废止《特种过分利得税法》。

---

① 金鑫等：《中华民国工商税收史——直接税卷》，中国财政经济出版社 1996 年版，第 208 - 209 页。

第 5 章

所得税的征收管理

5.1 所得税征收管理概况

5.1.1 所得税征管机构建设情况

5.1.1.1 明确所得税征收的指导思想和征纳程序

民国国民政府相对于北京政府来说，在征税的指导思想上有一定的进步性，征税不再是赤裸裸的掠夺和加征，亦逐渐注重税收的合法性、合理性与可持续性。在所得税征收上，政府指导思想主要体现在以下四个方面。

一是应建立和不断健全所得税法制，坚持依法办税。国民政府对开征所得税既积极又慎重，在国民党中央党部决定施行公务员所得捐的基础上，经过长期筹备和论证，适于 1936 年通过立法程序颁布《所得税暂行条例》，依照条例逐渐开展所得税征收工作。在施行所得税一段时间后，又将所得税法规上升为国家正式法律，于 1943 年颁布《所得税法》。后来，所得税法又随时势的变化几经修订，逐渐充实和完善，以为各个时期所得税征收的依凭。

二是以经济发展作为所得税的征税基础。时任财政部长孔祥熙认为，通过征税充裕财政，不能走掠夺、搜刮之路，而要把扶植民力作为首要任务，经济得到发展，人民富足了，才能使税收畅旺，国家财政充裕。他将此种方法比作

"播种的方法"①，即促进经济发展，税收才有可靠的来源。所以，税务人员不仅要"替国家收取合理的收入，同时要扶植民力，不仅收税，更要培养税源"②。

三是要讲究持续性，有战略眼光。施行负担公平普遍的所得税，同时废除苛捐杂税，就是开辟远大的财源的最好典范，而征收机关应忠于职守，认真执法，消除积弊，不扰商病民。

四是征税应得民心。"为政须得民心"是政治的基础，但税收征收务部门着重在征税收捐，即向民众要钱，民众则"无论其爱国的程度如何，对于收税人要钱总觉得是件不愉快的事情"。因此，税收应"视民力之强弱，为征收的标准，务使负担平允，民无怨尤"③。

不可否认，上述税收指导思想是政府试图坚持的良好立场，也体现了当时的所得税税制精神。然而，虽然在表面上国民政府所得税指导思想好像很动人，在实际征管当中却难以做到。受民国时期政治动荡、日寇入侵、经济通货膨胀等的影响，为了缓解严重的财政危机，实际征收过程经常被迫背离该指导思想，政府不惜破坏所得税的立法宗旨，采取预征、估缴、摊派等恶劣征管办法，使本来优良的所得税制度逐渐遭到破坏。

在明确所得税征税指导思想的同时，还建立了较为规范的所得税征纳程序，以明确征纳双方的权利义务。所得税征纳程序分为申报、核定税额和缴纳税款三个阶段。先由纳税人自己进行申报，或者由扣缴义务人代为申报。然后由所得税主管征收机关核定税额，由征收机关调查及决定纳税人应纳所得税额。纳税人若有异议可请求征收机关实施复查，经复查决定后，纳税义务人便应纳税，所得税款由纳税人自行缴纳或由所得支付单位源泉扣缴。如果纳税人不服复查决定，还可申请审查委员会审查决定。申请审查的税款应提存银行，待审查决定做出后，再依照决定退税或补税，征收机关退税时还应将退税部分的利息一并退还。纳税人对审查决定仍然不服，还可提起行政诉愿或诉讼。所得税征收机关决定税额可经四次以上的审查，这种程序规定可谓面面俱到，"而足使所得税制不致生运用上之困难者也"④。

①②③孔祥熙：《对财政部财务人员训练所两次训词》（1938 年 12 月），载《孔庸之先生演讲集》，第 207 页。

④　胡毓杰：《我国创办所得税之理论与实施》，财政建设学会 1937 年版，第 60 – 61 页。

从征纳程序上来说，民国国民政府所得税制度可以说是较为完备的，特别是请求复查、申请审查委员会审查决定、提起行政诉愿或诉讼等程序给纳税人提供了充分的救济渠道。

5.1.1.2　不断加强所得税征管机构和队伍建设

1936 年各地所得税办事处成立后，所有稽征事务于 1937 年 1 月 1 日起由所得税办事处负责，财政部所得税事务处只负责监督指挥与统筹事项，实行了权责下放。1938 年 7 月以后，所得税事务处以区分处为基础单位，所有税务稽征事项由各区分处就地办理。国民政府后又于 1940 年 3 月 26 日发布直接税处组织法训令，将所得税事务处改组为直接税处。① 财政部于 1940 年 5 月 15 日下达关于改所得税事务处为直接税处令，并于同年 6 月 1 日任命高秉坊为代理直接税处处长。直接税处承财政部长之命，掌理全国所得税、遗产税及其他直接税，并兼办印花事务。此次机构调整加强了对新开征直接税的征收管理，是适应战时直接税体系建立的需要。直接税处内置三科，分理所得税、过分利得税、遗产税、印花税的设计、改进、推进、调查、考核和税款征、减、免、退的审核处理工作。省级设直接税务局，办理所管各直接税征收事务。省局以下，视事务繁简，设立分局。② 1944 年 3 月 10 日，直接税处依照《财政部组织法》改组为直接税署，同日，奉令派高秉坊代理直接税署署长、孙超烜代理副署长。抗战结束后，直接税机构进行了调整，区局改为按省设一局，分局多次裁并。1947 年，财政部认为除关盐两税有特殊情况外，同一省内直接税、货物税两税各有机构，自成系统，重床叠屋，开支较大。合并之后，可以集中人力，节省开支，减少征收成本，且能较好地为纳税人提供便利。因此，财政部考虑于 1948 年将直货两税征管机构自上而下进行合并。1948 年 7 月 2 日，财政部决定将直接税署和货物税署于合并改组为国税署，各省则将直货两税区局合并改组为国税管理局，行使管理监督职权，各县市稽征局则具体负责直货两税稽征事宜。但上海、广州、天津、青岛、武汉等税源丰富、税收业务量较

---

① 南京国民政府：《财政部直接税处组织法》，中华民国国民政府公报 148（渝字第二四三号），1940 年。

② 孙文学、齐海鹏、于印辉、杨莹莹：《中国财政史》，东北财经大学出版社 2008 年版，第 419 页。

大的工商业城市，仍然将直货两税分开设立直辖局，分别负责各税的稽征工作。①

民国国民政府在加强所得税机构建设的同时，还努力倡导"新税、新人、新精神""所得税在我国为新事业，办理新事业必须赋以新精神"②。并注重税务人员的选拔和训练。国民政府财政部除致力于所得税开征外，持续开展税务人员训练。所得税全部开征后，业务日渐繁忙，税收征收人才紧缺，更加紧举办训练班，有针对性培训所得税征收人员。财政部令四川财政特派员公署、湘赣、鄂豫、川各税务局、苏浙皖、粤桂闽、山东各税务局及苏浙皖闽粤鲁各印花税税局呈报现有职员中年龄在 35 岁以下、大学毕业者名单，在其中核定 30 名，两类共 70 名，进行第二期训练。训练情形与第一届类似。③ 财政部直接税处的用人制度为考训制度，声明用人唯一的宗旨是考试训练，绝不容有钻营、请托倖进之事。④ 直接税处还编写了《直接税税歌》，歌中唱道："任重而道远，坚毅为之殿，勤能与勤毅，税人生命线。创造新风气，税人重四风，精神如在校，以学致事功。"⑤

为加强内部管理，直接税处还于 1943 年 1 月 21 日颁布《工作人员戒条 10 则》，通令全国工作人员共守之："一、擅离职守玩忽业务者，免职。二、不服从调迁者，免职。三、奉令迁调延宕不前者，免职。四、新旧交替推延逾限者，免职。五、预征税款者，撤职查办。六、自收税款逾限不缴库者，撤职查办。七、保证金不经呈准自行挪用者，撤职查办。八、收受纳税人贿赂者，送军法。九、侵吞税款者，送军法。十、勾结商人营私舞弊者，送军法。"有些地方直接税局根据上级精神还制定了税务人员日常行为规范，如江苏区直接税局要求税务人员应有"加强进修业务，以达互助互励互勉之效""根绝不良嗜好""崇尚节俭，力戒浪费""应抱光明磊落之态度，虚世和平，毫不苟且，

---

① 孙文学、齐海鹏、于印辉、杨莹莹：《中国财政史》，东北财经大学出版社 2008 年版，第 436 页。

② 胡毓杰：《我国创办所得税之理论与实施》，财政建设学会 1937 年版，第 24 页。

③ 胡毓杰：《我国创办所得税之理论与实施》，财政建设学会 1937 年版，第 25 页。

④ 中国第二历史档案馆：《中华民国工商税收史料选编》第四辑（上册），南京大学出版社 1994 年版，第 653 页。

⑤ 中国第二历史档案馆：《中华民国工商税收史料选编》第四辑（上册），南京大学出版社 1994 年版，第 56 页。

发扬税训精神，转移不良风气"等修养。①

民国国民政府通过不断加强所得税征管机构和队伍建设，建立起了覆盖全国的所得税征收系统，所得税人员的选拔训练、机构内部管理较为规范和有效，保证了所得税逐渐深入推进。

5.1.2 所得税征管实施状况分析

5.1.2.1 征管中遇到的困难

1. 征管力量薄弱。

由于所得税是新开征的税种，征税牵涉范围又广，开征之初各级所得税机构人员严重不足，精通所得税业务特别是查账技能的更是凤毛麟角。国民政府财政部代理直接税署署长高秉坊 1944 年 5 月 22 日在重庆市营业税处联合纪念周上所作的报告中说："全国直接税工作人员 1.9 万余人中，仅有 2000 人系查账员，余皆为事务人员。以此 2000 名查账员，分配于 1000 个机构中，每个机构仅分配到 2 名，以不足之人数，查全国无穷之假账，岂能应付！"②而这时所得税已正式开征 8 年多，由此可见征管力量的薄弱程度。

2. 账证不全，查账难。

所得税开征之初，工商户的账簿凭证大多数不健全，多数商民仍使用旧式账簿，不适应准确核算所得，使所得税难以查核。同时，一些不法商人大作假账，造假账技巧亦呈多样化，普遍设置两套账，一套对内记载实际经营情况，一套对外应付税务机关，千方百计从账内账外隐匿所得，偷漏税收。如 1942 年财政部川康直接税局重庆分局接到赵明理密告重庆市平安药房假造账簿偷漏税款后，交由调查股长曹天铎、稽征股稽查组领组王鸿桢会商破获办法。同年 4 月 10 日，一方面要求平安药房携带违章来局候查，一方面乘其不备，指派税务员李南寿、于新农率领税务生二人、税警一人前往该药房实地调查。税务员李南寿在该药房三楼发现其 1941 年度真实账据多件，即提取到局交给调查股领组张几铭。根据对该药房所报 1941 年度所得额报告表与真伪账据核对，

---

① 佚名：《税人应有之修养》，财政部江苏区直接税局《江苏直接税通讯》，1947 年第 3 期，第 17 页。

② 金鑫等：《中华民国工商税收史》直接税卷，中国财政经济出版社 1996 年版，第 57 页。

查出药房在伪账内故意减低资本，大批销货收入不登账，同时，巨额进货伪账内亦不记载，收益与实际相比大为减少。综合核实所有真伪账据，查定该药房1941 年度纯益为 11.6 万元，应纳所得税 1.2 万元，过分利得税 5.2 万元。而该药房原报纯益仅 1.9 万元，共计偷漏所得税和过分利得税 5.9 万元。① 上述只是较少能查实的案例之一，大部分不法商户难以查实，或者查不胜查，有些不法商户甚至拒绝查账，使查账工作面临重重困难。

3. 背景深厚的大商巨贾仗势逃税。

自抗战以来，公司林立，不少公司大发战争财，获利丰厚。而这其中拥有巨资的公司、行号，大多是有军政背景的大公司。这些大公司仗着有军政后台，往往有纯益也虚报亏损，或申报纯益很少。如民生公司申报 1940 年度亏损 50 余万元，经重庆直接税分局查明获利 500 余万元。而且，这些公司一旦查出秘密，就对税法和税局横加攻击，毁语四出，不说税法不良，即说承办不善。而由于这些大公司的规模大，获利丰厚，因此逃税数额巨大，税收征收机构多对此无可奈何。1941 年 5 月 10 日和 12 日，重庆直接税分局局长孙邦治曾为此接连签呈两份致财政部直接税处代理处长高秉坊的函，请求对有军政背景大公司逃税问题的指示，其中恳切而有无奈地报呈："重庆大商多有军政背景以为支持，严办则困难百出，敷衍则问心不过。职局查账虽有查账员，审核又有审核员，而外面不明真相，以为职可以变更税额，初则讲情，次则要挟，终则攻击。职廉公办事，任何强力本不足惧。惟大商巨贾多系军政要人为其背景，大则与部院长相往返，小则与流氓地痞勾结。其攻击之对象，又集中于职一人。故特拟具签呈一件，敬祈设法使困难减少，以免承办者心存戒惧也。"②

4. 战乱造成税款征缴入库不易。

抗日战争爆发后，战时物资需求激增，不法商人便乘机操纵倒卖，牟取暴利，但因营业登记和户口登记难以到位，因战事常常造成交通阻滞，所得税征收机关对于行踪飘忽不定的投机商征管不力。

---

① 中国第二历史档案馆：《中华民国工商税收史料选编》第四辑（上册），南京大学出版社 1994 年版，第 888－889 页。

② 中国第二历史档案馆：《中华民国工商税收史料选编》第四辑（上册），南京大学出版社 1994 年版，第 883－884 页。

5. 扣缴机关履责不到位。

第二类公务人员薪给报酬所得税开征后，据财政部所得税事务处调查，自 1936 年 10 月至 1937 年 1 月底止，报缴情形参差不齐。据统计，全国公务机关约计 1.3 万余单位，而报缴者最多月份仅 4200 个单位。扣缴机关不依法履行职责，采取课源法征收的所得税征收很难达到预期目的。

5.1.2.2　征管措施

1. 加强宣传辅导。

所得税作为新开征税种，民众接受需有一个过程，而且必须加大宣传辅导力度，方能使社会各界广泛接受。因此，国民政府各级所得税机构采取各种措施宣传所得税的意义和作用，辅导介绍所得税的主要内容和申报缴纳方法。如在所得税法令发布后，便迅速通知商会及同业公会转告商民并召集各业住商开会，向商民讲明征课所得税的意义及政策精神，让商民认识到所得税负担公平，详细了解相关具体规定。在加强对所得税日常宣传的同时，直接税处还于 1941 年 6 月 5 日发布关于直接税宣传日的训令，规定每年 7 月 1 日为全国"直接税宣传日"，每届是日，全国各直接税机关举行纪念并扩大宣传，而促使国民深刻认识直接税。[①] 1943 年初，直接税处还电令各级征收机关，大力宣传商民道德，扫除假账，据实申报纳税。综合所得税开征后，财政部直接税署于 1946 年 7 月 20 日下发《综合所得税推行步骤》，其中第二条为：拟制宣传办法，作各种口头或文字之宣传，以 7 月至 9 月为全力宣传之时期。并附发《综合所得税大意》一册，供各级征收机关参酌宣传。该《综合所得税大意》就税制、征免、税率、计算及征收等方面作了详细阐述，对征收机关进行宣传解释帮助很大。[②]

2. 强化日常征管。

1) 充实基层征管力量，加强业务培训。基层所得税机构由于事务繁杂，经常反映人员不够，业务水平高的不多，工作难以全面推动。为充实所得税征收力量，提高人员业务素质，财政部直接税处向社会大力招考人员，开办所得

---

① 中国第二历史档案馆：《中华民国工商税收史料选编》第四辑（上册），南京大学出版社 1994 年版，第 39 页。

② 金鑫等：《中华民国工商税收史》直接税卷，中国财政经济出版社 1996 年版，第 115 页。

税、直接税税务人员训练班。前后开办 12 期共培训税务人员 2810 人，绝大多数分派各地所得税征收机构，基层征管力量逐渐改观。同时，对基层征管机构管理模式进行改进，根据工商户的营业规模及税务人员工作能力重新调整分工。对规模较大、财务核算较健全的工商户采取查账征收方式，并把具有查账能力的人员集中起来，重点对大户进行查账征收。对占所得税纳税户大多数的小商则采取估计征税办法，由基层税务员会同上级派员进行估计，由督察室派员复查，然后公布通知商民纳税。调整征管模式后，大大减少了稽征工作量。然而，所得税大部分来自规模较大的查账征收户，减少所得税流失的重要一环是开展卓有成效的查账。但所得税开征初期会查账的税务人员很少，制约了工作开展。为改变这种状况，提高查账人员的业务素质，直接税处利用每年业务较空闲的季节举办业务讲习班。在每年所得税查账前，各级征收机关也针对当地商情、账情、物价情况以及查账方法等举办查账讨论会，进行专门研究，促进提高查账水平和成效。

2）实行源泉控制，简化报缴手续。第二类公务人员薪给报酬所得大都由支付机关按期支付，故薪给报酬所得税采取课源法，由支付机关在支付薪酬时扣缴。财政部所得税事务处于 1939 年 12 月 23 日下发《第二类公务人员薪给报酬所得税稽征办法》，对公务人员先调查由各级国库领支费的机关，由所得税机构派员到国库分别区域抄录各机关名称、地址及支付经费的公库名称、地址，然后通知区域办事处、区分处，向驻在地公库调查该地区各机关扣缴情况，如有欠缴者，即速催报缴。若有必要，通过司法程序催报催缴。如江西南城江苏第一池经理萧正朝为扣缴所得税的负责人，欠缴 1946 年 5～6 月第二类乙项薪给报酬所得税共计税额 6403.4 元，经直接税局南城分局发给纳税通知书限期扣缴。萧正朝迟至 8 月间仍未扣缴。后经江西南城县司法处裁定以抗告人 5 月份应扣缴税款全部逾限 2 个月、6 月份应扣缴税款全部逾限 1 个月，责令萧正朝限期缴纳并按规定处以罚款。后扣缴责任人萧正朝不服，以税额太重工人无力缴纳，纷纷退工无从追问为由抗告至江西省高等法院，高院以此项税额南城县司法处裁定于法并无不妥驳回抗告。[①]

---

① 《南城江苏第一池违反所得税案》，江西省高等法院，江西省档案馆档案号：J18 - 7 - 10519。

1940 年 9 月 22 日，财政部所得税事务处又下发《第二类自由职业者及其他从事各业者薪给报酬所得税稽征办法》，对自由职业者及其他从事各业者，各所得税机构就其驻在的市县或公私行号、工厂、公司集中的地方进行调查，对经调查属于自缴薪给报酬所得税的，发给自缴薪给报酬所得税调查登记表填报，并按填报情况下发申报所得额通知单。对属于扣缴所得税的，须查明扣缴单位，并告知其填报扣缴薪给报酬所得税调查登记表，要求其照章扣缴税款。第二类公务人员薪给报酬所得税规定的扣缴办法较为周详，但也比较烦琐，纳税务人较多的扣缴单位每月填写扣缴清单也较多，工作量大。为减少报缴工作量，财政部所得税事务处于 1938 年 10 月 24 日函令各机关，将第二类薪给报酬所得额甲种报告表加以修正，规定各扣缴机关于每年第一个月报缴时，应填具所得额报告表并全体纳税义务人扣缴清单，送交当地稽征机关。自第二个月起，如纳税义务人及所得额与第一个月相同而无变动者，即于所得额报告表备考栏内，注明本月份纳税义务人及所得额与上月同即可。如一月以后纳税义务人及所得额有变动，就其变动部分填写扣缴清单，未变动部分可免填报。①

3）采取径行决定办法确定难以查账户税额。查账征收甲、乙两项营利事业所得税是正常的方法，但在实际工作中对一些规模小、账务不健全的纳税户查账征收往往困难重重，因此，征收机关不得不采用径行决定办法来确定纳税人的所得额和应纳税额。此实为一种定税或包税办法，所谓径行决定，系根据直接间接调查材料，比照被调查者在同业中的地位及营业情形，并参酌同业利润水准，决定其所得额及应纳税额。径行决定的纳税户为未具账册及证件者、逾期不报或隐匿不报者、不提供证明文据者、伪造账册者和账册或证件不全者。径行决定采用全部估计与局部估计相结合方法，正面调查与侧面调查相结合，二者相互参证，使决定税额接近真实。

径行决定办法较为简便适用，但难以考虑各业务户具体盈亏情况，完全采用"一刀切"的办法，这与所得税的原理相差甚远。如何掌握纳税人的全部收入情况，是我国或者是世界上自古至今都尚未能较好解决的难题，也是制约税收管理水平的首要因素。只有靠健全法制、实现全社会全方位信息共享、建

---

① 金鑫等：《中华民国工商税收史》直接税卷，中国财政经济出版社 1996 年版，第 67－68 页。

立起良好社会信用体系来解决。因此，在民国当时的社会条件和环境之下，采用这些方法或许迫不得已，但从税法和税理的角度来看，却是不适当的。

4）确定税源主次，分类管理。在一时营利事业所得税征管中，由于经营商经营的货物涉及面广，流动性大，征收难度很大。通过调查分析，虽然一时营利事业所得税涉及行业广，但比较集中的是经营商品纸烟、特货、杂货、山货、广货等。一些地方的所得税征收部门遂根据本地税源特点选择营业额较大的货物作为重点税源，在人力有限的情况下安排主要力量抓重点税源，取得了较好的征管实效。

5）加强资料整理，打好征管基础。由于综合所得税以分类所得税的征收为基础，因此，分类所得税征收资料的完备是做好综合所得税征管工作的基础。为此，直接税署于 1946 年 9 月 14 日制定《整理分类所得税征收资料办法》，要求各级征收机关对营利事业所得、薪给报酬所得、证券存款所得、财产租赁所得、财产出卖所得、一时所得这 6 类所得分类整理资料。因综合所得税，以自然人为课税对象由纳税义务人住所或居所所在地主管征收机关征收，因此，整理资料时也应以自然人分户归纳整理，以纳税人住所或居所为要件分区整理，不属于本区的资料相互进行交换。资料整理交换和建档后，在实际征管中重视充分加以应用。

分类所得税资料整理工作的开展，有助于摸清综合所得税纳税人的应税情况，涉税信息量大为增加，为综合所得税征收打下了较好的基础。

3. 采取措施控制偷逃税。

1）实施战时税务联防。战时工商企业经营流动性大，特别是一时营利商行踪飘忽不定，多无营业组织与固定营业地址，税源极难控制。若是要掌握纳税人的经营情况，只能从控制仓库、堆栈、经纪人入手，进行详细的货运登记，跟货寻人追税，但这样工作量巨大，也不够严密，而成效并不如意。1940年，财政部下发《战时直接税税务联络稽查计划暨工作纲要》，布置战时税务联防，规定普遍实施调查登记，依照大后方交通情形，遵循大批货运必经路径，选定若干地点设立货运登记站，归由各直接税分处管理，作为税务稽核联络据点，与其他分处据点彼此取得联络，形成税务稽核联络线，加强各地稽征机关之间的联系和配合，以形成税务稽查控制网。战时税务联防工作目的的达成，有赖于各直接税分处暨各据点共同进行，而且进行时尤须采取整齐的办法和步骤，以达到一致。具体实施采取以下措施。

（1）对各地进出境货物进行登记。凡商号或个人依法采运进出各地货物，应按规定报请当地所得税主管稽征机关登记站查核登记，并办理保证纳税手续。进出各地的货物属于第一类甲、乙两项营利事业的，本地以前年度曾经继续申报纳税的住商，应填具"第一类所得税纳税义务人甲、乙营利事业两项进出各地货物甲种申请登记表"，提示以前年度纳税证明，附同结汇许可证件、提货单据等件报请查核登记。外埠客商并须预先填具丙种申请登记表，取得所在地所得税主管稽征机关的证明。其本埠以前年度未经申报纳税者及外埠未经预先请取证明者，应觅具保证商号，保证其确属固定营业及其纳税义务，填具乙种申请登记表报请查核登记，暂作一时营利论。不能取具辅保者，应按核定货值缴纳 20% 的保证金。一时营利事业者，无论本埠商人或系外埠客商，除分别根据其在本地或外地销售之性质，填具第一类丙项所得税纳税税义务人进出各地货物甲种或乙种申请登记表外，并须按照核定货值，预缴 20% 的纳税保证金，交存当地指定银行，专户存储，掣据呈验，以待结算后依据核定税额拨充税款，并予分别办理退、补税。核定货值，除售出货价即依其价格外，购进货物应依零售时价为标准核定。倘能觅具相当资本并经当地所得税主管机关认可的商号保证同额纳税责任时免予预缴纳税保证金。

（2）凡经登记的一时营利商人，应于每次营业结算后 10 日内，依法向其销货所在地所得税主管稽征机关提出登记证明单，并申报其所得额，请求依法分别核定征免及其应纳所得税，按通知纳税。如逾时 3 个月商人不来申报或销货地所得税主管机关未转知业经纳税时，即由登记地点所得税主管稽征机关径行决定其所得额及其应纳税额，通知其保证商号照数追缴或缴纳。曾经预缴税款保证金者，即通知经存银行，将预缴保证金照数扣抵拨缴，余额存记待领，如有不足应通知各地所得税主管稽征机关稽查追缴。

（3）堆存货物入栈商人属于第一类甲、乙两项营利事业者，在以前年度曾经继续申报的当地商人于每次堆存货物入栈时，应填具"第一类甲、乙两项所得税纳税义务人堆存货物申请登记表"，出示以前年度纳税证明，附同提货单据等证件，报请查核登记。外埠客商或以前年度未经申报纳税的当地商人，应取具当地相当资本并经认可的商号，保证其确属第一类甲、乙两项营利事业及该项货物将来所得的纳税责任。为能取得铺保的，填具乙种申请登记表，报请查核登记，并暂作一时营利论，应按照核定货值预缴 20% 的保证金，存入指定银行专户存储，掣据附呈查核。堆栈货物入栈商人属于第一类丙项营利事业者，无论本、外埠商人，除分别本、外埠少收性质填具"第一类丙项所得税纳税义务人堆存货物申请登记表"外，并应按照核定货值预缴 20% 的保证金，倘能觅具相当资本并经认可的商号保证同额纳税责任时，免予缴纳保证金。

（4）凡属经纪人、报关行、信托业等居间代理行业，应填制"居间代理登记表"等，报请当地所得税主管稽征机关登记备查。代理或介绍商户在承受客户委托时，应负责通知委托人按照规定向同一机关申请登记暨办理保证纳税手续。此项手续未经办理清楚，不得接受其委托。[①] 这些措施有利于所得税的源泉控制，且通过预收保证金也可以确保一部分所得税收入不致流失。不过，预收保证金的措施虽然对征收税款有利，但负面作用也是明显的，不仅缺乏法律依据，而且增加了纳税人的额外负担。

2）加强所得源泉调查。所得税征收最难的在于难以准确掌握纳税人的所得。为此，各级所得税征收机关十分重视所得源泉调查，如存款利息所得税规定由收受存款的银行、钱庄及不称银钱业的公司行号自行依照税法规定扣缴申报，主管征收机关事后之审核，但存在不少偷漏隐患。为此，各地主管征收机关选拔业务熟悉而又作风正派的税务人员组成调查团，对相关企业随时派员抽查，令被调查者提供账簿和相关凭据，如查出其有漏扣漏缴税款情形，即通知其限期报缴。逾期不报缴即照有关规定处罚，有效防止了税款流失。

3）开展督征。由于各省所得税机构人力、财力有限，征收初期行政效率又较低下，税款征收往往不能如期完成。为加强稽征力量，储金行政效率，1941 年 5 月 19 日，财政部直接税处颁发各省局督征团组织及工作大纲的训令，要求各省局根据需要组织督征团，应于每年开征季节前，依实际情形拟订督征团督征计划、进行程序及日期分配等项，呈报总处备核。督征团设督征主任 1

---

①　中国第二历史档案馆：《中华民国工商税收史料选编》第四辑（上册），南京大学出版社 1994 年版，第 730－737 页。

人，以省局所得税课课长兼任；督征员 5~10 人，由各省分局高级税务员中调集，名单于事前呈报总处核定。督征员应受督征主任指挥，在协助分局工作时，并受当地分局监督。督征团应于每年规定的稽征季节出发督征，其主要任务有：协助各分局或查征所的调查及审核事项；抽查、复查及解决分局与纳税人间争议事项；促进各分局间的联络稽征事项；对外解释、宣传，对内考察、调整事项；其他临时指定或委托办理事项。督征团在设有分局或查征所地域进行催报、调查、抽查等事项，均须会同所在地分局或查征所合作办理，并应以分局或查征所名义进行。① 通过开展督征，取得了较好成效，发现了所得税稽征中存在的不少问题，同时，加强了基层稽征力量，促进了税收收入任务的完成。

根据所得税征管中存在的难点，有针对性地采取相应加强征管的措施，对所得税的顺利推行和取得实效至关重要。由于措施较为得力，征管手段不断丰富，民国所得税正式开征后税收收入总体上不断增长。

5.2 纳税人守法与规避

所得税从正式开征到征收初具规模，经历了一个较长的过程。崔敬伯认为："假使一种税已经课了许久，慢慢地渗入人们的习惯，当初以为不便的，日久习而安之，则旧税亦可认为良税。"② 从 1936 年所得税开征，直至民国后期，在这十余年过程中，都有不少民众不能接受所得税，特别是所得税开征后即遇到全面抗战爆发，一方面民不聊生，另一方面又不断加重税负，抗战结束后紧跟着内战爆发，由于通货膨胀和国民党当局苛征滥取，所得税制度的"良税"形象几乎破坏殆尽，所得税真有些生不逢时。民众对所得税的接受显然要经历一个较长的过程，而且要有内外部各方面条件的配合，因此，纳税人守法的状况在许多时候都不尽如人意，规避所得税现象时有发生。

所得税相关法规规定的不严密导致不少征纳争议，给偷漏税者以可乘之

---

① 中国第二历史档案馆：《中华民国工商税收史料选编》第四辑（上册），南京大学出版社 1994 年版，第 743 - 744 页。

② 崔敬伯：《推行所得税的人事问题》，国立北平研究院经济研究会 1937 年版，第 1 页。

机。如依照《所得税暂行条例》第一条规定：个人资本在 2000 元以上的营利所得始征税。狡猾者为了逃税，便故意将资本登记在 2000 元以下，则其获利不论有多大，依法皆不得征税。为防止少报资本，财政部直接税处于 1939 年 5 月 1 日下发了《商号申报资本不实之确定办法》，规定商号资本申报若有不尽不实之处，即使其账面资本不及 2000 元，而其营业额及纯益额与该业一般比率不相称时，稽征机关可按其营业情形与上年度及本年度各该业平均资本周转率，径行决定其资本额为 2000 元。该办法虽然有针对性地作了规定，但在执行中征收机关与纳税人的纠纷不断。又如在计算营利事业所得税时，既要看所得大小，又要通过计算所得合资本实额的比率来找出适用税率。[①] 然而，这也会给不法者以可乘之机，通过瞒报减少所得或重估资产等提高资本额，或既减少所得又提高资本额，使所得合资本实额的百分比减少，以达到按较低档税率计税的目的。特别是在所得税的基础上又开征非常时期过分利得税之后，纳税人税负大为加重，偷、欠、抗税案件频频发生。"直接税数年来养成之税誉，因此大受损失"[②]。

抗战时期，很多税种的税负都大为加重，而重税负许多都被后方中下层人民负担。特别是抗战中后期，由于物价飞涨，许多工商业者的原有资本额因通货膨胀已越来越少，工商企业账面虚盈现象十分普遍，所得税和过分利得税基本都是超额累进制，由此必须按更高的适用税率缴纳所得税和巨额过分利得税。而最高税率达 30% 的营利事业所得税和最高税率达 60% 的特种过分利得税两项，就要把工商业者全部所谓"盈利"或"利得"的 70%～80% 囊括进去了。[③]

这种不合理的"虚盈实税"现象迫使工商业者不得不多方逃税，进行消极抵抗，"除极少数稍顾颜面，勉循规蹈矩外，大多数已不得不铤而走险，纷造假账。行政院第六六八次会议，认为假账十有八九"。[④] 如江西黎川县民族路永春兴店店主邓林鼎，由于生意难以经营下去，遂将店转让给新城镇合作

---

① 辛景文：《所得税暂行条例释义》，辛景文会计事务所 1937 年第 3 版，第 7 页。
② 高秉坊：《中国直接税史实》，财政部直接税处经济研究室 1943 年版，第 43 页。
③ 孙文学、齐海鹏、于印辉、杨莹莹：《中国财政史》，东北财经大学出版社 2008 年版，第 430 页。
④ 中国第二历史档案馆：《中华民国工商税收史料选编》第四辑，南京大学出版社 1994 年版，第 948 页。

社。但财政部江西税务管理局黎川税务征收局于 1945 年 3 月 21 日通知其限期缴纳 1943 年度所得税 3000 元及同年度过分利得税 8235 元，邓林鼎超过期限未缴。黎川税务征收局即起诉至江西黎川地方法院，法院裁定邓限期缴清税款并处以欠缴所得税罚金 5000 元和欠缴过分利得税罚金 12000 元。后邓以该年度店已歇业换由新城镇合作社接开为由抗告至江西省高等法院，被高院以显属狡辩为由驳回。[①]

5.3　征纳矛盾与纠纷解决

所得税作为一种新税，基于当时中国的经济、社会条件并不完全成熟，而所得税的立法也需要经历一个不断改进的过程，税收征纳双方对新税的适应与调适也必然是一种常态。税收稽征矛盾与所得税的推行相伴相生，有时候甚至很激烈。因此，纳税义务人与税务机关之间的所得税稽征矛盾便频频发生，这种矛盾往往轻则表现为纳税人个人或团体对税收征收规定或方法的意见与建议，重则导致纳税人偷逃税、拖欠、抗拒申报和纳税与税务机关向纳税义务人追缴税款，更严重的则进入司法程序，由税收征收机关向司法机关起诉进行强制追缴和对涉税违规行为处罚。国民政府所得税相关法律对征纳程序做了比较严密的规定，申报、核定、复查、审查、法律救济等环环相扣，纳税人对征收机关核定的税额有异议可申请复查，对复查不服可申请审查委员会审查决定，最后仍可提起行政诉愿或诉讼寻求救济。这是政府在行使征税权利的基础上对纳税人权利作出的保障，纳税人为维护其利益往往会提起复查或诉讼。

5.3.1　商民意见与官署回应

1936 年《所得税暂行条例》及其细则与各类所得税征收须知等颁布后，会计师协会即针对相关问题向国民政府财政部提出意见：查所得税暂行条例及施行细则，奉令自本年 1 月 1 日起全部实行，钧部于条例及施行细则之外，复

---

① 《永春兴不遵限期缴纳所得税利得税抗告案》，江西省高等法院，江西省档案馆档案号：J18 - 7 - 10464。

订有各类征收须知，藉使纳税者明了纳税程序。其中之第三类征收须知，因已由银钱业事前提供意见，故须知中多所容纳，无庸再为陈述。又第二类关于自由职业者部分，已由律师、会计师、医师、国医、工程师等团体另文联名具呈请愿外。至第一类之征收须知，由本协会加以研究，颇觉有与已定法律保证税源及社会事实，未能符合之处，今为钧部分别陈之：就法律方面观察，认为不能适应者一点，查所得税暂行条例之外，有施行细则，施行细则之外，复有征收须知，以补条例或细则之不足。征收须知，未经过立法程序，为行政命令之一种，自不能变更法律，或与法律案抵触，是为不易之理，乃草案第十五项规定："上年度营业之亏损，不得列入本年度计算"等语。……今第一类征收须知内载，上年度之营业亏损，不准与本年度盈余抵消，是曹使税与所得税脱离关系，似与暂行条例及施行细则，均有抵触。夫以命令变更法律，已属不可，今以征收须知，变更所得税条例及施行细则之本质与精神，似尤非所宜……①

而《银行学会对于所得税研究结果之意见》则指出："银行购入公债证券所得之利息，应免扣所得税。查银行购买公债，本为放款业务之一，亦为法定投资。今暂行条例第一条第三类及第六条规定公债利息所得应课之税率，为千分之五十；如果此项规定对于个人与银行一律适用，则银行于收公债及证券利息时，既须纳税；而此项利息，在营利所得之总额中，仍复征收，不无重复。且公债为储蓄银行保证准备中所必备，今立法以强其必购，又从而重税之，实失公平之原则。"② 这些意见的提出，反映了纳税人及相关团体对所得税相关规定的异议和不满。

所得税正式开征后，征纳摩擦时有发生，有时甚至矛盾十分激烈。如1940 年江西发生的全省商会联合会筹备委员会反映江西所得税办事处任意估征滥捕商民事件即十分典型。该年 10 月 16 日，以主任委员周子实为首的江西全省商会联合会筹备委员会向国民政府财政部部长孔祥熙递交呈文，称该会接管千人移交案卷内，据各地商人纷纷报告，财政部所得税事务处江西办事处征收 1939 年度所得税款与各地商店时起争执，商人深感痛苦，请设法救济。兹

---

① 李彬：《所得税纳税便览》，中华书局 1937 年版，第 82 - 84 页。

② 李彬：《所得税纳税便览》，中华书局 1937 年版，第 89 页。

据会员永丰、新淦、萍乡、吉安、河口、万年石镇、余干、宜春、筠岭镇、余江、黄埠镇、万载、宁都、大桥市及崇仁15个商会先后来函，或以税员估计失实，征税苛重；或以战后市面冷落，请缓征第一类所得税；或请制止税员滥职捕人；或请依法组织审查会实施仲裁及税员滥征营利所得未及2000元者，请求依法制止；或请制止税员苛索；或以税员朦征税款，迹近诈欺；或以税收机关对商号已纳地方慈善捐款、应酬费及股东兼充经理应得薪资等合理开支任意剔除一律课税，所征太巨。查核各商会所呈各节，均属实在困苦情形。中央裕课恤商，无微不至。恳赐采择，电饬所得税江西办事处分别改善制止，以重良税而恤商艰。

而财政部在同年12月19日的批复当中，对江西全省商会联合会筹备委员会提出的意见——驳斥：永丰、新淦、余干、余江、万载、大桥市及崇仁等商会，先后呈以战事影响商业萧条，或交通不便无利可得，请求改善或缓征所得税核第一类营利事业所得税的课征，以所得有无为征收标准，各商营业如有所得，自应依法课税；其无所得，经查核属实者自予免征。凡此规定载在税章，全国施行，所请毋庸置议。永丰、新淦、萍乡、吉安、宜春、筠岭镇、黄埠镇、万载等商会，先后呈以所得税不依簿账径行任意估计税额、或高估资本不及2000元的小本商人营业，请求改善或制止等语。查《所得税暂行条例》第12条及解释法令第44号规定，纳税义务人对于资本额与所得额逾限未报，或有虚伪隐匿情事者，当地主管征收机关可按照其收益额及营业状况，径行决定其资本额及所得额，依率征课。账面资本纵不及2000元，而其营业及纯益额若与该业的比率不相符合，即其所报资本不无不实不尽之处。各地征收机关遇有此种情形，可按照其营业情形与上年度及本年度各该业的平均资本周转情形，径行决定其资本额。各该地所得税稽征机关径行估计办法，于法尚无不合。河口镇、万年石镇、崇仁等商会先后呈以所得税种种苛索，民怨沸腾，商无宁日，或于征税期间刁难百出，敲索多端，谈虎色变之概，遍地皆然，所得税类似双证营业税。查考部令明文，凡所得税成立的商埠营业税即取消，或所得税无异复征营业税，核算进货账项无异进口税等语。查所得税为中央税，营业税为地方税，二者性质根本不同，课征有别，法规公布彰然在案。所谓所得税已成立商埠营业税即取消，或所得税无异复征营业税，或核算进货账项无异进口税等语，实属误解法令，妄听传闻，并无实据。至于言征税期间，刁难百出，敲索多端，谈虎色变之概遍地皆然，究何所指？事实何在？应即据实呈报，以凭核夺，毋得无的放矢。宁都、黄埠镇等商会，呈以所得税查核账簿时，不应将地方慈善捐款、应酬费等项开支剔除，以符税则，或请组织审查会实施仲裁等语。查《第一类营利事业所得税征收须知》第十一条及第十四条对于营业期间开支，应否于查账时剔除，均有详明规定。各该地商号所纳的地方慈善捐及所化耗的应酬费等，是否营业上的合理开支，应视其真实性质而定。所得税主管征收机关自有审其性质，分别认可或剔除之权。至于审查委员会组织，早经奉国防最高委员会核准缓设，并通行全国所得税征收机关知照办理。所请设立审查委员会实施仲裁，自应毋庸置议。①

以上征纳双方意见的尖锐对立，既反映出各自的立场不同，利益各异，又反映出当时商民总体税负苛重与财政困窘的现实。商会联合会筹备委员会代表各地商民提出了许多条针对所得税的意见，当局则一一驳斥。而无风不起浪，商民遇到的不公怎可能都是无中生有或恶意中伤，当局本应理性面对，适当吸取良性意见，以利于所得税得到普遍接受和推行，但当局显然把江西各地商民一概当作刁民对待，应对显然是失策的，只会引起更多矛盾和纠纷。

国民政府财税当局有时也会适当采纳各界提出的合理涉税意见。如 1946 年修正《所得税法》中将第三类证券存款利息所得税税率修改为 10%，实施后上海市银行商业同业公会以税率过高影响业务为由，请求财政部仍按原税率 5% 征收。1947 年 2 月 11 日，财政部批复："第三类存款利息所得税税率，虽经提高，不致影响业务。现在物价波动，存款利率增高，该项税率按比例课征 10%，揆诸实情，并不为高。"未准减低。后各地银钱业同业公会又以修正税率过高，存户不胜负担，为逃避纳税，多将存款移存于商号私户，致使行庄存款衰退，市场游资为患，纷请回复原定税率，以资因应。财政部调查实际情况后，为引导游资投存行庄，使金融业务趋于正常，报经行政院核准，于 1947 年 6 月 25 日通令各级征收机关，自当年 6 月份起行庄存息所得税税率暂予减

---

① 中国第二历史档案馆：《中华民国工商税收史料选编》第四辑（上册），南京大学出版社 1994 年版，第 880－882 页。

低为 5% 征课。经过调整后，存款利息所得税的矛盾得到解决。[①]

5.3.2 税款追缴与涉税诉讼

为保证欠缴所得税款及时追缴，国民政府规定可由征税机关提请法院裁定强制缴纳并按规定处以罚款。如财政部于 1947 年即令江苏直接税局将 1947 年度江苏直接税区各类所得税滞纳单位送交法院强制执行。"查三六年度，早经终了，所有该年度各类所得税滞纳单位，应即送请法院强制执行追缴，毋得稍延（署电直一字八五九〇一号）。"[②] 又如江西铅山祥生铁工厂 1946 年度所得税 27 万元欠缴仅 1 个月，即被上饶直接税分局铅山查征所提请江西河口地方法院刑事裁定，河口地方法院刑事裁定结果，除强制清缴所欠税款外，处以罚款 9 万元。[③] 而纳税人乾长厚欠缴 1946 年度所得税 35 万元逾限 3 个月，则被刑事裁定处以罚款 35 万元。[④]

在所得税纠纷中，往往需要经过复查、诉愿、再诉、行政诉讼等过程，而纳税人可享有相应的救济权利，向各级税收征收机关申请复查和诉愿，对诉愿后的决定不服，仍可提起行政诉讼。不过，即使税收征收机关在行使税收职权中有过错，纳税人的一些诉讼请求被法院采信，由此产生的损失也很难得到弥补，显示出征纳双方在法律上的不平等性。这从 1947 年在国民政府公报上公布的一则行政法院判决所得税相关案件中便可略知大概：该判决为 1946 年度判字第 26 号行政法院判决，原告为西安糖坊街 27 号襄明兴记玻璃工厂，代表人为元瑞庭，被告官署为国民政府财政部。原告因确定税额不服财政部于中华民国 1943 年 9 月 8 日所作出的再诉愿决定，而提起行政诉讼。缘起于西安襄明兴记玻璃工厂申报 1941 年度营利事业所得为 13394.82 元，主张应纳税额 1339.49 元。经西安直接税分局查核，因该厂缺少成品记载，核定资本额为 16000 元，营业收入项下核加销货 16000 元，核减退货 23500 元，营业费用项下剔除盘存 2000 元，核定纯益为 54894.82 元，按 10% 课税，应纳所得税

① 金鑫等：《中华民国工商税收史》直接税卷，中国财政经济出版社 1996 年版，第 114 页。
② 佚名：《卅六年度各类所得税滞纳单位》，财政部江苏直接税局《江苏直接税通讯》，1948 年第 19 期，第 3 页。
③ 《祥森铁工厂欠缴所得税刑事裁定》，江西河口地方法院，铅山县档案馆档案号：00072 (18)。
④ 《乾长厚欠缴所得税刑事裁定》，江西河口地方法院，铅山县档案馆档案号：00072 (23)。

5489.48 元。因利得超过资本额 20%，并应加征非常时期过分利得税 21542.67
元。原告以所核不符事实请求复查，该分局仍维持原案。原告不服，向陕西直
接税局提起诉愿，经调查原卷及该厂营业来往账簿，查出该厂银钱来往账所列
中国银行户头，隐匿利益 113394.82 元，乃核加该厂所得纯益额 37113.09 元，
共计所得纯益额为 92007.91 元，核加该厂应纳 1941 年度所得税为 9200.97
元，利得税为 38243.56 元。原告更加不服，提起再诉，经财政部决定原复查
决定暨诉愿决定均撤销，该厂应纳 1941 年度所得税额 9200.97 元，利得税额
38243.56 元。原告仍不服，即向行政法院提起行政诉讼。

　　行政法院综合原告的诉愿和被告官署答辩后认为，诉愿系人民因行政官署
违法或不当处分致损害其权利或利益时，请求救济的方法。受理诉愿官署，如
认诉愿为无理由，只应驳回诉愿，自不得于诉愿人所请求范围之外，给以不利
的变更，致失行政救济的本旨。本件原告襄明兴记玻璃工厂申报 1941 年度营
利事业所得额 13000 余元，经西安直接税分局查明该厂缺少成品账，核定该厂
所得额为 54000 余元，按率课税。原告不服，提起诉愿。受理诉愿官署除认诉
愿为无理由外，更以该厂银钱来往账所列中国银行户头隐匿利益 11 万余元，
乃核加所得额为 92000 余元。律以上说明，殊非适法，受理再诉愿官署撤销诉
愿决定，虽无不合，惟未就此点予以纠正，又撤销原处分，并仅核退税额
1200 元，亦与行政救济的本旨不合，均属无可维持，应由本院将该部分一并
撤销，仍维持原处分效力。至襄明兴记玻璃工厂缺少成品账记载与原料使用记
载。期末存货及销货数量均无法确定，可能发生销货少列，存货漏列，藉以隐
匿利益。照当时有效法令《所得税暂行条例施行细则》第三十四条第二项规
定，主管征收机关本得径行决定其所得额及应纳税额。原处分核定该厂 1941
年度所得纯益为 54894.82 元，应纳所得税 5489.48 元，过分利得税 21542.67
元。通知遵照，于法并无迟误。原告徒以空言，主张是年所得额为 13000 余
元，并借口税局未明令通知添置成品账等，希图诿卸，殊不足采。因此法院判
决，再诉愿决定除关于撤销诉愿决定之部分外均撤销，维持原处分（即复查
决定）效力，驳回原告只交纳所得税 1339.49 元的诉愿。①

---

　　①　南京国民政府：《行政法院判决》，国民政府公报 1947，2715–2812，第 2773 号。

从上述案例中可看出，一方面民国时期的纳税人维权意识较强，另一方面整个税收执法和司法相关程序较为完备，纳税人不服基层征收机关涉税决定一直可将官司打到中央行政法院，并将中央政府财政部列为被告，而且行政法院判决并非不考虑纳税人的正当诉愿。另外，所得税征收机关和主管机关在履行征税职能当中，存在注重相关涉税事实，而忽视程序的合法性现象，造成陕西直接税局和财政部作出的决定被法院判定撤销。

5.4　收入变化及其影响因素

5.4.1　所得税收入变化情况

民国国民政府所得税从 1936 年 10 月正式施行，到 1949 年国民党政府在大陆完全失败历时 13 年。在这个过程中，所得税由一个新开征的税种，逐渐发展成为国税的重要组成部分。虽然民国时期工商业由于多种内外部原因未能得到较大发展，在某些时期甚至出现萎缩，致使所得税税源也不充裕。1937年，全国所得税收入预算列为 2500 万元，占全部岁入 1.65%；1943 年，所得税预算占全部岁入 1.22%；1947 年，所得税预算占全部岁入也只达到 1.88%，可以说，民国所得税在国家财政收入中并没有占主要地位。但应该看到，民国所得税征收范围逐渐扩大，施行区域逐渐普及全国各省市，所得税的创办还是比较成功的，且在多数时候收入呈上升趋势。表 5-1 是 1936~1948 年所得税征收情况。

表 5-1　　　　　　　　　1936~1948 年所得税征收情况①

单位：元

年度	预算数	实收数
1936	6000000	5487271.14
1937	25000000	20116761.53
1938	12500000	8231297.76
1939	30000000	29213667.30
1940	39000000	46940737.15

---

① 金鑫等：《中华民国工商税收史》直接税卷，中国财政经济出版社 1996 年版，第 172 页。

续表

年度	预算数	实收数
1941	65000000	75056862.12
1942	170000000	203595218.89
1943	700000000	990947382
1944	1780000000	1698614276
1945	2800000000	3493397814
1946	60000000000	60164171967
1947	780000000000	809381209000
1948 年上半年（百万元）	6000000000000	5385961868000
1948 年下半年（金圆）	61200000	95102000

我国财政收入一直以来都是以间接税为主，特别是间接税中的关税、盐税、统税占每年预算比例极大，1931 年竟然超过 80%，1935 年亦占到 66%。而所得税开征以后，在抗战前收入位于国税中的第 6 位，至 1940 年即一跃成为第 3 位，超过统税征收数字。且从 1936～1945 年所得税推行前十年的征收数来看，十之七八超过预算数，在这些年间所得税收入竟能年长月增，颇为难能可贵，虽有物价上涨因素，其增长的速度亦比关、盐、统税快，居于第 1 位，新税法实行后则更为可观。[①]

从直接税角度看，1936 年 10 月开征所得税后，国民政府又于 1939 年开征了非常时期过分利得税。1940 年 6 月，正式设立直接税处，将印花税并入直接税，同年 7 月 1 日开始施行《遗产税法》。1942 年又将营业税上划为中央税，并入直接税，由直接税处兼办。这样直接税体系形成，这时直接税体系包括了所得税、非常时期过分利得税、印花税、遗产税、营业税五种税种。1943 年，直接税署成立，直接税体系逐渐完善。直接税施行之后，就显示了它在税收中的地位。从表 5 - 2 中可以看出，1940～1945 年，直接税收入累计达 2579500 万元，平均占税项收入的 17.5%，个别年份，如 1942 年和 1943 年，分别占到 30.7% 和 31.2%，这说明直接税不仅在整个时期税收中占有一定的地位，而且有的年份占据了重要地位。所得税虽然在税收总额中占的比例并不大，但若加上过分利得税收入，则有些年份超过 10%。

---

① 杨昭智：《中国所得税》，商务印书馆 1947 年版，第 162 - 164 页。

表 5 - 2　　　　　　　　　1940～1945 年直接税收入情况

| 年度 | 税项收入 | 直接税收入 | | | | | | 占税项收入的百分比（%） |
		印花税（百万元）	所得税（百万元）	利得税（百万元）	营业税（百万元）	遗产税（百万元）	合计（百万元）	
1940	266	7	44	25	—	—	76	29
1941	667	16	80	70	—	—	166	25
1942	2807	26	197	29	610	1	863	31
1943	12169	355	761	884	1785	15	3800	31
1944	30849	1063	1145	1189	3032	50	6479	21
1945	99984	3140	2009	1833	7318	111	14111	14
合计	146742	4607	4326	4303	12745	177	25759	18

资料来源：孙文学、齐海鹏、于印辉、杨莹莹：《中国财政史》，东北财经大学出版社 2008 年版，第 393 页。

抗战胜利以后，所得税法进行了修正，扩大了分类所得税征收范围，并开征了综合所得税。但是，由于内战全面爆发，工商业受到沉重打击，税源大为减少，虽然从数据上看 1946～1948 年所得税收入逐年增加很快，但如果考虑通货膨胀因素，却是另外一种景象。由于国民政府当局滥发法币，刺激市场物价飞速上涨。以当时最大的工商业基地上海为例，1946 年，上海物价指数比 1945 年上涨 7.7 倍，1947 年则比上年上涨 14.7 倍，而 1948 年 1～8 月，则又比 1947 年上涨 56 倍，物价已如脱缰野马一般不可收拾。[①] 从表 5-1 可看出，1946 年度所得税实收数 60164171967 元，是 1945 年度实收数 3493397814 元的 17.2 倍，如果以上海的物价上涨指数作参照，剔除物价上涨倍数 7.7 倍的因素，则为 1945 年的 2.2 倍，应该说，所得税收入比上年增长很大，这主要是抗战胜利，收复的被占领区重新开征所得税，而这些地区中不少是工商业相对较发达的城市，收入比上年净增一大块。按此方法推算，1947 年度所得税实收数为 1946 年度的 13.45 倍，而同期物价比上年上涨 14.7 倍，剔除物价上涨因素，1947 年度所得税收入只有 1946 年度的 91.5%，已呈下降趋势，主要原因是国民党军内战失利，国统区地盘越来越小，而工商业由于战争涂炭饱受摧残，逐渐萧条，税源也不断减少。1948 年上半年，所得税收入为 5385961868000 元，若与 1947 年度的一半相比较，则是其 13.3 倍，但如剔除物价 56 倍的上涨因素，则只有 1947 年度一半的 23.75%，所得税收入减少的幅度很大，说明

① 陈绍闻、郭庠林：《中国近代经济简史》，上海人民出版社 1983 年版，第 279 页。

国统区地盘加速缩小，工商业更为萧条，税源萎缩愈加严重。

5.4.2　收入变化的影响因素

民国国民政府所得税从 1936 年正式开征至 1949 年 13 年间的收入变化，受到多种增减因素影响，主要有以下几方面。

第一，经济发展一波三折。经济是税收的基础，民国所得税的收入增减是以国家经济与工商业发展的状况紧密相关的。所得税正式开征前后，中国经济发展经历了一段繁荣期，也为所得税正式实施打下了良好基础。随着抗日战争全面爆发，敌占区经济趋于萧条，而敌后的经济和工商业却得到较快发展，为所得税收入增长提供了来源。如西安在抗战以后人口及工商业西迁，从事工商者日众，经济发展如雨后春笋日渐峥嵘。国民政府倡导开发西北，引发工商业者率相投资，生产日渐发达。抗战后工厂、商号西迁，形成了颇具规模的化学、纺织、食品、机器、制革等产业，平津、江浙、河北、山东、山西、河南、四川等商帮齐聚于此。由于抗战需要，大小工厂努力生产，新旧商业日渐兴隆，更助长了西安经济的发展。[①] 抗战结束后，中国经济得到短暂恢复和发展。随着内战的全面爆发，工商业越来越萧条，到解放前夕，整个国家经济处于崩溃的边缘。这段时期的经济发展状况与所得税的收入状况是基本吻合的，所得税收入的增减也呈现逐渐增长—加速增长—逐渐减少—加速减少的运行轨迹。

第二，所得税逐渐得到推广。由于国民政府所得税的正式开征基本具备了经济、政治和社会等方面的可观条件，加上开征各项举措较为得当，因此总的来说开征和推行较为顺利，所得税逐渐为广大民众所接受，税收征管逐渐得到加强，税收收入也逐渐增大。

第三，所得税征收范围越来越大。所得税正式开征后，初期只就营利事业所得、薪给报酬所得、证券存款所得三类征收，后逐渐"扩容"，先后开征财产租赁出卖所得税、一时所得税等，并开征综合所得税，若加上开征的实为所得税性质的过分利得税，所得税的征收范围不断增加，这也是所得税收入规模

---

① 中国第二历史档案馆：《中华民国工商税收史料选编》第四辑（上册），南京大学出版社 1994 年版，第 805 – 811 页。

增大的重要因素。

第四，抗战爆发致使敌占区税源锐减。随着抗日战争深入进行，中国所得税的主要税源地东南沿海相继被日寇占领，虽然在部分地区国民政府征收机关和征收人员还冒着生命危险征收了部分税款，但在敌伪加紧控制后，这块税源损失殆尽，对所得税收入造成很大影响，因此，1938 年度收入 8231297.76 元反比 1937 年度收入 20116761.53 元下降一半以上。随着后方经济不断得到发展，所得税收入才从 1939 年度逐渐增长。

第五，通货膨胀使所得税收入虚增。抗日战争与解放战争时期，除了抗战结束后的短暂阶段物价较为平稳之外，总的趋势是物价不断上涨，到了解放战争末期，通货膨胀加速上扬，后果是随着物价的上涨，税收收入数字也跟着往上"翻筋斗"，但真正的可用财力却增长不多，不少年份反而呈下降趋势。

第六，征管水平的改进。所得税开征初期，制度的实施缺乏效率，估价方法不良，又缺少充分训练的税收人员，是所得税增长不快的一个原因。[①] 随着征收人员培训力度加大，所得税征收逐渐展开，征管方法在实践中不断改进，对所得税收入起到了较好的促进作用。

---

① 孙文学、齐海鹏、于印辉、杨莹莹：《中国财政史》，东北财经大学出版社 2008 年版，第 430 页。

第 6 章

所得税制调适与改进

6.1 所得税立法逐步规范

从民国国民政府于 1936 年颁行《所得税暂行条例》，正式施行所得税开始，其立法过程经历了由颁布所得税法规到正式立法，再根据时势发展不断修正《所得税法》的过程。

6.1.1 所得税从颁行条例到正式立法

国民政府于 1936 年 7 月 21 日明令公布《所得税暂行条例》，规定所得税征收的内容分为三类：第一类为营利事业所得税。营利事业所得包括公司、商号、行栈、工厂或个人资本在千元以上的营利所得，官商合办营利事业所得以及一时营利所得；第二类为薪给报酬所得税。凡公务人员、自由职业者、其他从事各业者的薪给报酬所得；第三类为证券存款所得税，包括公债、公司债、股票和存款利息所得。其中，第二类中公务人员薪给报酬所得和第三类中公债利息所得于同年 10 月 1 日起征，其余则自 1937 年 1 月 1 日起征。

《所得税暂行条例》颁行后，推行工作进行得较为顺利。但开征不久，全面抗战即爆发，社会经济剧烈变动，通货膨胀逐渐严重，原有《所得税暂行条例》中的不少规定也越来越明显不适应时势变化，如所得税的各项免征额由于通货膨胀显得太低，加重了低收入者的负担，调整税制刻不容缓。因此，财政部于 1942 年 11 月拟具修正所得税暂行条例草案，依照规定程序送请立法院审议。而立法院认为，暂行条例属临时法规性质，而所得税推行后已逐渐成为定制，因此主张改称《所得税法》。于是，根据财政部提交的修正所得税暂行条例草案，制定《所得税法》共二十二条，由国民政府于1943年2月17日明令公布施行，同时废止《所得税暂行条例》。《所得税法》仍然将所得税征课范围分为营利事业所得税、一时营利事业所得税、证券存款所得税三类，主要对条例中规定的起征额和税率进行了修正。在第一类营利事业所得中，提高了起征标准，旧税率规定所得满资本实额5%即行起征，新税率则改为满10%始行课税。从原来规定的5级全额累进税率，调增为9级全额累进税率。所得在资本30%以下的不提高税率，30%以上始加税。新税法则规定第二类薪给报酬所得每月满100元始征税，从原来规定的10级超额累进税率调增为17级超额累进税率，而原规定每月所得满30元即课税。① 新税法将第三类证券存款所得税改为两种：一是政府发行的证券和国家金融机关的存款储蓄所得，其应课税率仍为5%；二是其他非政府发行的证券及非国家金融机关的存款储蓄所得，应课税率为10%。因商民对此项差别税率反应很大，由国民政府财政部于1943年6月11日发出代电，称其他非政府发行的证券及非国家金融机关的存款储蓄所得课税10%一项，经财政部呈奉国防委员会委员长批示："准予暂缓征收"仍照政府发行的证券和国家金融机关的存款储蓄所得一律课征5%。其后国民政府又于1943年10月13日发布渝文字第650号训令，对《所得税法》相应条文作了修正。

在颁布《所得税法》之前，国民政府还于1943年1月28日颁行《财产租赁出卖所得税法》，正式开征财产租赁出卖所得税。该税课征范围为土地、房屋、堆栈、码头、森林、矿场、舟车、机械等财产的租赁所得和出卖所得，规定：财产租赁所得超过3000元的，征收财产租赁所得税，税率采用超额累进制，自10%起累进至80%止；财产出卖所得，农业用地价值超过10000元、其他财产超过5000元的，也要征税，采用超额累进税率，30%累进至50%止。其征收方法，除农业用地租赁所得税采用申报法外，其余均采用课源法。②

---

① 孙文学、齐海鹏、于印辉、杨莹莹：《中国财政史》，东北财经大学出版社2008年版，第406页。

② 孙翊刚：《中国赋税史》，中国税务出版社2007年版，第288页。

6.1.2 《所得税法》的修正

在所得税推广过程中，社会对 1943 年颁布的《财产租赁出卖所得税法》和《所得税法》的意见、建议与批评越来越多，认为它过分考虑推行上的方便，牺牲了税制的公平原则，所得税的收范围应予扩大。当时分类所得税的征课范围扩大的建议多集中在施行农业所得税和房地产所得税等方面。此外，不少学者认为所得税税率不宜过高，税率分级不宜过多，所得税起征点应随通货膨胀的情况及时调整，所得税宽免不宜过滥。有些人则认为分类所得税无收益税痕迹，未能符合所得税按能力纳税的精义，提出应开征更为合理的综合所得税。[①]

当时，中国所得税制已初具规模，历年实施亦较顺利。但"所得税适于战时者，未必即适于战后，且分类征收，未必符合能力负担原则。自日本投降后，自有统筹整理，及时改进之必要"[②]。且在抗战时期需财孔急，为平均民众负担，建立永久税制，适应国家支出，财政部于 1945 年 4 月拟订综合所得税法草案，呈请行政院核转立法院完成立法程序。行政院详加检讨，认为仍有考虑必要，于是在 1945 年 5 月 8 日以"查改分类所得税为综合所得税，使纳税人负担公平，原则不无可取，惟所拟综合所得税法草案，课税主体兼采属人与属地主义，在户口异动频繁之战时，调查统计两感困难，即纳税义务人自行申报是否确实，亦难稽核，且授权于镇乡所组设之申报委员会审查应纳税款，尤易滋弊，此制应如何推行尽利，于民无扰，仰再详加研究，复候核夺。"另知财政部，财政部又详加研讨，至 1945 年 8 月战事结束。各种税收适于战时，未必利于战后，当时正值国家重建之际，一切庶政均在统筹调整之中。所得税作为国家税政的主干，亟宜及时改进，以期征课更臻公平合理，而奠定直接税体系的永久基础。故财政部详加研究后，拟订分类综合税法草案，于 1946 年 1 月 20 日送呈行政院经 734 次会议通过，于 2 月 22 日送立法院审议，于 4 月

---

① 李燕：《关于民国时期财政思想的研究》，湖南大学硕士学位论文，2008 年。

② 佚名：《我国所得税法之史的演进》，财政部直接税署《直接税通讯》，1948 年第 30 期，第 4 页。

16 日国民政府明令公布施行。①

1946 年修正的《所得税法》，将所得税划分为分类与综合两大部分，分类所得税部分除原有的营利事业、薪给报酬、证券存款所得税三类外，将财产租赁列入，另增列一时所得一类，共为五类。除上述分类所得税外，修正《所得税法》中规定开征综合所得税，以已征课分类所得税各类所得总额每年超过 60 万元为征课标准，同时明确了可减除的所得额标准。②

修正《所得税法》中的分类所得税部分是在原《所得税法》基础上进行修正的。原所得税法及财产租赁出卖所得税法，已将国民重要所得分别征税，故分类综合所得税法，除财产出卖所得未经列入，与各级政府所办公营事业亦应征税外，所列五项所得均与原税法相同。仅子目因税率轻重关系略加变更，并为民众便于记忆起见，各类所得名称亦均仍旧。其财产主要部分为土地，既有增值税，财产出卖所得不复为重要税源，至各级政府所办公营事业，除基本国防事业应保守秘密，其余事业及官商合办事业同予课税。③ 之后，财政部直接税署于 1946 年 6 月 11 日发出《关于免征财产出卖所得税的代电》，事实上等于废止了财产租赁出卖所得税法，财产出卖所得税不复征收。

开征综合所得税，可说是我国所得税制的一大发展。综合所得税更能体现出所得税的公平原则，但从各国综合所得税制实施情况来看，大致可分为两类：一是英、法、意等国所施行的制度，为分类综合所得税制，将所得分为若干类，先按类征收分类所得税，又复合计各人各类所得，而征综合所得税；二是美、德等国所施行的制度，为单纯所得税制，即合各人一切所得，只征收综合所得税，而不另征分类所得税。这两种制度，均属对人课税，皆足以实现能力负担原则，细考其制度的差异，大多受其本国历史影响。大体而言，各国先征有分类所得税的，均采分类综合所得税制，如英、法、意等国；至于美、德等国未经过分类所得税阶段，故采单纯综合所得税制。④

在中国实施分类综合所得税制，不仅较为符合中国的国情，而且分类综合

---

① 杨昭智：《中国所得税》，商务印书馆 1947 年版，第 99 页。
② 孙翊刚：《中国赋税史》，中国税务出版社 2007 年版，第 288 – 289 页。
③ 杨昭智：《中国所得税》，商务印书馆 1947 年版，第 103 页。
④ 杨昭智：《中国所得税》，商务印书馆 1947 年版，第 100 页。

所得税制相比单纯综合所得税制更优。分类综合所得税制的优点在于：从表面看，分类综合所得税制不及单纯综合所得税制简单，但实质上，单纯综合所得税制不及分类综合所得税制更确实，因分类所得税制中的分类所得税可充分利用课源法征收，而课源资料又可控制综合所得的申报，故其税收比较确实。日本所得税制度分为三类，为分类所得税形式，但其第三类所得既包括第一类及第二类以外的一切个人所得，如有第一类所得者，亦须以 60% 并入计算，故论实质实为单纯所得税制，此项税制在 1899 年建立，已有 40 余年历史，不可谓不久，而在 1941 年为求税制确实起见加以改革，采分类综合所得税制，足资参证单纯综合所得税征收以申报为主体，故其税收每难迅速征起。此项税制 1899 年建立，而在 1941 年为求税制确实起见而进行改革，采分类综合所得税制。美国所得税原规定本年所得于翌年申报纳税，事后稽征，既病税款征收之迟滞，亦不能源源供应国用，故于 1943 年实行随征随缴办法，或用课源法或自行预计每 3 个月先行缴纳一次，藉资救济。分类综合所得税制的分类所得税，原用课源法征收，已可便利财政收支调动，不必再有随征随缴的救济办法，就此点言分类综合所得税亦较单纯所得税制为优。中国采行分类综合所得税的理由是：分类综合所得税与单纯所得税，均为公平税制，但在税务行政上，单纯综合所得税尚不及分类所得税为优。我国分类所得税创办后，基础渐立，民亦成习，与英、法等国所得税史相同。采用分类所得税制，而增加综合所得税，在推行上较为方便简易，故从税制本身或从各国史例与中国实际情形看，采行分类综合所得税制度较为合适。[①] 而当时中国较不发达的经济社会现实，也在客观上要求实行综合所得税的同时，必须保留分类所得税，因为若只实行综合所得税，很可能所得税收入不能保证。

6.1.3 《所得税法》的调整与第二次修正

《所得税法》于 1946 年修正以后，随着内战爆发，国内经济形势趋于恶化，物价激涨，修正税法的各项规定不免与实际距离愈远，执行上的困难与日俱增。如果不及时改革，不但税收征收难见起色，而且税制之精神也不免每况

---

① 杨昭智：《中国所得税》，商务印书馆 1947 年版，第 101 页。

愈下。就企业所得税而论，由于物价激涨，所得的计算过繁，起征点过低，税率过高。如不根据物价趋势随时调整，则税法即使年年修正，终赶不上物价上涨。① 因经济情形未见好转，工商业和一般国民的困难不但未能避除，而且正在日增不已，所得税的任务便更要注意到公平合理与简单切实。归纳各方意见，税法修正的原则，应采纳下列六点：一是改善营利事业所得税，在估价及计税的方法上重订尺度，根据物价增长情形，按年调整起征点和课税级距，从宽改善资产估价方法，调整计税资本额，从宽规定营业上必不能免的损费列账；二是取消过分利得税并入营利事业所得税中征收；三是简化二三四五各类所得，厉行扣缴制度；四是缩小综合所得税征课范围，使之易于推行；五是按年调整起税点和征课级距；六是推行重奖厉罚。过去征课所得税提倡良心纳税，向不注重奖罚，致狡黠者多方逃避，征收效率逐渐减低。兹拟提高扣缴人与告密人的奖金，同时加重不依期限申报或缴税的处罚。②

鉴于修正税法远不能适应物价的剧烈变动，缓解纳税受虚盈实税之苦和各界强烈不满，为克服税法固定难改与物价急剧变动的矛盾，国民政府于1947年3月15日制定并公布《所得税法免税额及课税级距调整条例》，共有10条，主要是调整免税额及课税级距，除第三类证券存款所得因无免税额并系采比例税率而不予调整外，其余各类所得及综合所得的免税额及课税级距均在调整范围之内。第二类乙项所得以中央机关公务员生活补助费调整为调整时期，第一类所得、第二类甲项所得、第四类所得、第五类所得及综合所得均以年度开始为调整时期。规定对所得税免税额及税率每年按物价指数调整一次，使税法随物价变动率相应提高其免税额，并调整其累进级距，以缓和纳税人负担过重的矛盾。

由于内战不停，物价无法控制，《所得税法免税额及课税级距调整条例》颁布后，当局虽煞费苦心，不断进行相应调整，仍未能达适应物价变动和缓解纳税人负担的目的。而且其调整的思路亦有问题，因为在通货膨胀迅速的时期，若要给低收入者减轻负担，应确定一个免征比例比较合适，而不是确定一个固定的免征额，因为通货膨胀可能使刚刚制定的免征额迅速过时。

---

① 财政部直接税署：《直接税通讯》，财政部直接税署出版，1947年第21期，第5页。
② 财政部直接税署：《直接税通讯》，财政部直接税署出版，1947年第22期，第4页。

在物价无法稳定、经济变动较前期越来越加剧的情况下，税法执行难度越来越大，当局不得已只能再谋修正，以期适应当前经济情形。财政部于 1947 年 1 月间提出第二次《所得税法》修正案，转立法院审议通过，由国民政府于该年 4 月 1 日明令颁行。《所得税法》第二次修正的主要内容有：一是关于税法体制，将所得税法和施行细则的内容合而为一，新《所得税法》全文长达 163 条，比以往任何一次都更长更具体；二是关于课税范围，将原修正税法中甲乙两项营利事业所得合并为一项，统称为"公司合伙独资及其他组织营利事业之所得"；三是关于课征标准，取消所得合资本实额百分比率标准，一律改为依纯所得额计税；四是改变以往征收机关对营利事业及一部分自由职业者薪给报酬所得先进行纳税额查定，再通知纳税人缴纳的方式，改为先由征收机关估定暂缴税额，通知送达纳税人在 1 个月内分期缴纳；五是仿照英国税制，税率由财政部按年拟具，送请立法院通过后公布实行。规定对薪资所得及一时所得税税率，每 3 个月调整一次。此外，取消特种过分利得税，略为提高营利事业所得税税率，以资抵补。[①] 至此，广受诟病的过分利得税终于寿终正寝。

第二次修正《所得税法》对综合所得税也作了相应改进，缩小了征课范围，规定纳税人和扣缴义务人必须详细填报相关资料，制定劳动者平衡负担相关，取消名存实亡的联合申报委员会。

6.1.4　《所得税法》的整理与第三次修正

由于法币不断增发，物价飞涨，到 1948 年整个中国经济显现出崩溃的态势。为了稳定物价，摆脱政治、经济困境，国民政府根据《动员戡乱时期临时条款》赋予的特权，于 1948 年 8 月 19 日以蒋介石总统令颁布《财政经济紧急处分令》，宣布改革币制，自即日起以金圆为本位币，发行金圆券，取代法币和东北流通券，规定法币 300 万元折合金圆 1 元，东北流通券 30 万元折合金圆 1 元。在税收方面，也于 8 月 20 日起一律暂按原税率改以金圆为标准计算缴纳。随后，国民政府又于 8 月 26 日以总统令颁布《整理财政补充办法》，

---

① 佚名：《我国所得税法之史的演进》，财政部直接税署《直接税通讯》，1948 年第 30 期，第 4 - 5 页。

并颁发附表《三十七年七月起定额薪资所得税及一时所得税之起征额暨课税级距表》等。关于所得税课征的，主要有两个方面：一是变更了营利事业所得税课征方式，自 1948 年起，分上下两半年征收；二是改订了分类所得税起征额及税率级距。

国民政府实施币制改革改用金圆券后，并没有遏制住物价疯涨、货币大幅贬值和经济萧条，更是无法阻止共产党解放军的猛烈攻势，所辖区域急剧缩小，而当局为了弥补财政的巨大缺口，迅速走上了滥发货币的老路，金圆券币值滑落速度远远超过币改前法币贬值的速度。许多地方的民间出于无奈，甚至普遍使用旧铸的银圆作为交换媒介，拒用金圆券的现象和地方越来越多，导致按金圆券为计量单位无法收税。为重树国家货币信用，国民政府只好又进行了第二次币制改革，于 1949 年 7 月 2 日以由代总统李宗仁明令公布《银圆及银圆兑换券发行办法》，宣布以银圆为本位币，发行银圆券取代金圆券。7 月 4 日，中央银行发布公告，规定银圆券 1 元等于金圆券 5 亿元，征收各项税款由此也改为按银圆券计算。银圆券的发行使用导致《所得税法》随之进行第三次修正，1949 年 9 月 7 日修正《所得税法》亦由代总统李宗仁明令公布施行，而这时正值中华人民共和国成立前夕，国民政府已经丧失了大半江山。

第三次修正《所得税法》对原税法条文基本未动，主要修正内容：一是对第二类乙项定额薪资所得及第五类一时所得适用税率作出较大调整；二是对第八章奖励与惩罚部分根据币制改革等情况作了相应调整；三是对第一、第二、第四、第五各类所得及综合所得的起征额与累进税率的课税级距，修正为由财政部视经济情形变动与适应国库的需要随时拟订呈请行政院核定施行，而原税法规定于每年度开征前经立法程序制定公布，这项调整既是根据时势变化不得已而为之，亦使税法调整变得更随意。特别是"适应国库的需要"更是易使所得税沦落为政府横征暴敛的工具。然而，这时《所得税法》如何修正都不重要了，也没有多少人关注，因为被蒋、宋、孔、陈四大家族操纵的民国国民政府在中国大陆最后覆亡已指日可待了。

6.1.5 所得税立法改进原因探析

民国国民政府所得税实施的 13 年间，所得税立法经历了多次改进，可谓变动频繁，这跟当时动荡的时局是息息相关的，不断改进的原因主要有以下方面。

6.1.5.1　全国经济形势的变化

国民政府正式开征所得税后，即遇上全面抗战爆发，经济形势随之发生了很大变化，原来处于上升趋势的中国经济遭受重创，并且原来经济发展最好的地方都被敌伪占领，成为任由日寇掠夺的场所。而在国统区，虽然由于战争的需要和工商业内迁，经济得到一定程度的发展，为所得税提供了不少增加的税源，但由于战时物资奇缺，导致物价不断上涨，通货膨胀越来越严重。而战时财政缺口又十分巨大，即使增税仍难以弥补。于是，国民政府又不得不推行人为的通货膨胀政策，通过发行公债和直接增发货币来获取巨额战争经费。然而，这种人为的通货膨胀政策却只能解决一时之需，无异饮鸩止渴，更导致物价飞涨，工商业数据看似增长迅猛，实际上由于通货膨胀使之大打折扣，甚至是虚盈实亏。因此，在所得税的课征上，由于通货膨胀，原来的起征点和所定税率级距显得过低，而纳税人的实际所得虽然较低，由于虚高的数字却要使用较高级距的税率，即所谓的所得税课征"虚盈实税"。"虚盈实税"是对民族工商业一种严重的摧残，由于所得税按盈利额的比率累进征收，在物价不断上升、通货膨胀加剧的情况下，产业资本经过周转后账面收入往往很可观，以未按市价调整的原资本额计算盈亏标准，基本上看起来只盈不亏，且盈利率有可能因通货膨胀率高而变得很高，税负也就变得很重。在盈利不真实的情况下，还要纳重税，即所谓的"虚盈实税"。解决"虚盈实税"问题的办法之一，是按照物价指数化来调整税率及起征点，使征税公平合理化。[1]

抗战胜利后，这种状况尽管在一段较短的时间内由于敌占区收复和短暂和平，经济出现复苏迹象，通货膨胀有所遏制，但随着内战的爆发，经济坠入萧条深渊，财政上又走上通货膨胀政策的老路，而且愈演愈烈，变本加厉。经济形势的变化反映到所得税制度的修订上，就是起征点不断加码与税率频繁调整。然而，这种调整的效果却不甚理想："年来国内经济不特未臻稳定，常值与物价之激涨，至税法各项规定不免与实际距离愈远，执行上之困难与日俱

---

① 李燕：《关于民国时期财政思想的研究》，湖南大学硕士学位论文，2008 年。

增。设不及时改革，则影响所至，不特税收暂见起色，而税制之精神，亦不免每况愈下……如不就物价趋势使有随时调整之机会，则税法即使年年修正，终赶不上物价之上涨。"① 其实，到国民政府在大陆崩溃的最后阶段，即使再频繁调整也赶不上货币贬值的高速度。

6.1.5.2 全国各界的呼声

所得税正式开征后，随着全面抗战爆发和严重的通货膨胀，所得税制度的不少内容逐渐与现实情况相背离，另外，由于推行初期所得税立法本身也有不少瑕疵，导致工商界对税制的意见越来越多，集中反映在各行业商会不断向政府财税主管部门呈送意见与建议。由于经济状况恶劣与严重的通货膨胀，导致许多工商业者"虚盈实亏""虚盈实税"，而在多数情况下又上诉无门，因而在纳税上软拖硬抗现象频频发生。由于所得税推广困难重重，加之所得税属于中央税，不少地方政府在推行当中也态度消极。这种种因素，致使所得税制度一直处于边推行边充实和修正的状态。

还有一个十分重要的因素不容忽视，即因所得税为引进的现代新税，社会特别是学术界和媒体对其期望甚高，俨然一剂改良旧税制、推动经济发展和社会公平的良药，因此受到广泛关注，对所得税的评价与改进建议时常见诸报端，影响甚广。而许多专家学者也争相发表见解，著书立说，以求所得税制度至臻至善。《所得税暂行条例》颁布实施后，学术界对其批评渐多，不少学者认为政府只考虑推行方便，而牺牲税制公平原则与制度的完整性，建议扩大所得税征收范围，改进减免范围，用开征综合所得税来改变现行分类所得税的收益税性质，以实现其按能力纳税之精义。学者周伯棣针对1943年颁布的《所得税法》提出了不少修正建议，其中对计算营利事业所得时法定公积金可从收入总额内扣除这一规定做了如下评论："各国计算所得额，多不减本年公积，我国独减，如此多提公积，虽于奖励企业之旨有合，而于逃税，实多启一门也。"不少学者则主张所得税免税点不宜过低、严定罚则、尽量采用源泉课税制等。② 刘支藩则认为，1946年修正《所得税法》规定分类所得税税率过

---

① 佚名：《如何改进所得税》，财政部直接税署《直接税通讯》，1948 年第 21 期，第 5 页。
② 王启华：《所得税逃税问题之研究》，《财政评论》，1941 年第 6 期。

高、分级过多，分类所得税与综合所得税并行时，前者应采比例税制，后者应采累进税制，且税率分级不宜过多。他称"各国分类所得税一般采比例税率，无分级规定，最多亦不过分二三级，以符征收便利之旨，而中国分类、综合二税均分级多至十余级，税率分级过密，在施行时必致手续繁复征课困难，这是'自寻不必要之繁，而自陷于杆格难行之境'。"① 著名学者马寅初则在所得税实施过程中，多次发表见解与论著，致力于所得税的推广与普及，并指出中国所得税的改进方向，在于扩充税基、改善税率、改进查征等。他既主张所得税税率应适当提高，又反对一味提高税率，"与其提高税率，毋宁力求普遍与严密"。因为税率越高，有些商人隐匿就越多，逃税更甚。② 媒体与学术界持续的改良呼声，为所得税改进作了充实的铺垫。

6.1.5.3　战争的需要和政府的需求

所得税的创设最初都缘起于战费的需求，无论国外还是国内皆然。而民国国民政府正式开征所得税以及得到较顺利的推行，可以说也是战争帮了忙。由于战争的需要，所得税逐渐成为国税的重要组成部分，由少数地区推行普及到全国各省市，由最初的三类所得扩充为五类所得，由分类所得税到综合所得税。③ 民国从最初到民国政府倒台，其历史无异于一部战争史，内外战争几乎没有间断，北洋军阀混战、北伐战争、国民党对共产党的"围剿"、抗日战争、解放战争等，不知耗费了多少资财。为满足战争需要，政府当局不遗余力聚敛民财，筹措战费，千方百计将税收这个聚敛工具用到极致，不断开征新税种，扩大征收范围，提高税率，加大执法力度。而新开征的所得税等直接税则成为既可增加税收又披着公平税负外衣的上佳聚敛工具，孔祥熙称为了支持长期抗战，需要有安全的税源，所得税、遗产税等直接税，"其收入可随战费需要为比例增加"。④ 中国所得税的正式开征，由于抗日军民同仇敌忾，国民基于高度的爱国心，踊跃缴纳税收，通过作出自我牺牲来帮助抗战，使得

---

① 刘支藩：《论现行所得税制及其查征问题》，《财政评论》，1947 年第 2 期。
② 马寅初：《财政学与中国财政》，商务印书馆 1948 年版，第 157 页。
③ 佚名：《改进所得税制度拟议》，财政部直接税署《直接税通讯》1948 年第 22 期，第 4 页。
④ 孔祥熙：《战时的财政与金融》（1939 年 10 月），《孔庸之先生演讲集》，第 241 页，收入邹进文：《民国财政思想史研究》，第 289 页，武汉大学出版社 2008 年版。

所得税推行的阻滞大大减少，甚至敌占区的民众都偷偷将税款交给国民政府。

6.1.5.4　所得税发展的规律

所得税的开征与发展往往都是经历一个先简单后复杂、先易后难、先不规范后规范、先课征范围较窄后逐渐宽泛的过程。民国所得税从开征较易征收的官俸所得税，到施行公务员所得捐，再到正式颁行营利事业所得税、薪给报酬所得税、证券存款所得税，然后逐步扩展范围，开征财产租赁出卖所得税、一时所得税，再到征收综合所得税，所得税制的充实与不断修正，大都遵循了上述发展规律。国民政府颁行的《所得税暂行条例》制定得比较简单，其目的就在于使所得税制在初始阶段便于推行，而不过分追求征税范围宽泛与税收收入巨大。经过其后历次所得税立法与修正，中国所得税制逐渐走向规范化和体系化，虽然随着国民政府倒台旧税制随之消亡，其税法的本旨与丰富的内涵却得以较好地传承下去，成为现行所得税制的良好基础。

6.2　所得税征收范围逐渐扩大

6.2.1　开征三类所得税

民国国民政府于 1936 年颁布《所得税暂行条例》，首先开征营利事业所得税、薪给报酬所得税和证券存款所得税，开征范围较窄，税负较轻，征课手续简便，目的在于改革税制，适应战时财政需要，以期顺利推行。条例颁布后，总体来说推行较为顺利。

《所得税暂行条例》实施 7 年后，因时势变化，所得税制度有不少地方需要调整和改进。由于民众对缴纳所得税渐成习惯，而条例系临时性质，所得税则已成定制，因此，行政院提请立法院拟将条例修正改称税法。经立法院审定，《所得税法》于 1943 年 2 月 17 日由国民政府明令公布，同时废止《所得税暂行条例》。《所得税法》规定的所得税征收范围与《所得税暂行条例》没有变化，仍然为营利事业所得税、薪给报酬所得税和证券存款所得税三类，主要是调整税率，提高罚则强制力度，加强税源控制，促进财政收入增收。

6.2.2　开征财产租赁出卖所得税

抗战全面爆发后，1938 年 10 月，日本帝国主义侵占武汉，为了在占领区建立伪政权，巩固其统治，暂时延缓了大规模军事进攻。而在此情况下，国民政府为了粉碎日伪对大后方实行经济封锁和打击的图谋，努力发展生产，增辟财源，以适应战时之需。营利事业所得税、薪给报酬所得税和证券存款所得税三类所得税的开征，是针对民众经常所得中的利润、工资及利息三项征税，而其他各项所得均成为所得税征收对象。在其他所得之中，因战争土地、房屋、机器、舟车等财产出租或倒卖所得比战前获利倍增，有时获利甚至高达无数倍。由于这些暴利实为不劳而获，因抗战环境所造成，对其课征所得税理所应当，不仅可增加税收，而在一定程度上起到打击投机倒把活动、稳定物价和抑制暴利的作用。于是，国民政府财政部决定施行财产租赁出卖所得税，于1942 年 11 月拟具税法草案，随同《所得税暂行条例》修正案一并呈报行政院，后由行政院转送立法院审议通过《财产租赁出卖所得税法》共 21 条，最终由国民政府于 1943 年 1 月 28 日明令公布施行。《财产租赁出卖所得税法》规定，其课税范围为土地、房屋、堆栈、码头、森林、矿场、舟车、机械 8 项财产租赁所得或出卖所得，财产租赁所得未超过 3000 元者、财产出卖所得未超过 5000 元者、农业用地出卖所得未超过 1 万元者、各级政府财产租赁所得或出卖所得、教育文化公益事业财产租赁所得或出卖所得全部用于各该事业者免税。

6.2.3　开征一时所得税

抗战胜利后，由于国情变化很大，原有战时所得税制度难以再维系下去，国民政府财政部开始酝酿修正《所得税法》。1946 年 1 月，财政部拟具所得税法修正草案，报请行政院核转立法院审议通过，由国民政府于 1946 年 4 月 16日公布施行修正的《所得税法》。该《所得税法》修正的内容很多，不仅所得税制由分类所得税发展成为分类综合所得税制，而且在分类所得税中明确将一时所得税列为一个单独的类别。

修正《所得税法》将原《所得税法》的第一类丙项"属于一时营利事业之所得"划分出来，单独列为第五类"一时所得"，包括：甲、行商一时所得；乙、其他一时所得。

6.2.4　开征综合所得税

1946 年 4 月 16 日公布施行的修正《所得税法》中，最富有历史意义的内容是将原来的分类所得税制改为分类综合所得税制，在中国历史上首开综合所得税的先河。修正《所得税法》第三条规定，综合所得税的征课范围包括：个人所得除依照规定征课分类所得税外，其所得总额超过 60 万元者，应加征综合所得税。所称所得总额，指合并个人全年营利事业投资所得、薪给报酬所得、证券存款所得、财产租赁所得、财产出卖所得、一时所得 6 种所得总额。[1]

6.2.5　征收范围扩大的利弊分析

民国所得税征收范围的不断扩大，是所得税发展的必然结果，使民国所得税制不断改进和完备。但也应看到，各类所得税逐渐增加给当时饱受战争苦难和经济凋敝折磨的民众带来了更加沉重的负担，所得税顺利征收的难度也变得越来越大，甚至像特种过分利得税、财产租赁出卖所得税中的出卖所得征税等难以推行下去，最后只好停征。而作为税制中一大进步的综合所得税开征以后，也由于全面内战爆发，经济越来越萧条，且当时获取综合所得信息的途径和手段也很有限，难以掌握纳税人较为准确的综合所得信息，征收情况亦很不理想。可以说，综合所得税的开征生不逢时。但民国时期进行的综合所得税立法和征管尝试，在充实和丰富中国所得税制上迈出了一大步，甚至为当代与未来中国所得税制的改进和完善都积累了很有价值的经验教训。

6.3　所得税稽征方法不断改进

6.3.1　改进征收程序

民国所得税正式开征后，当局能够根据实际情形改进征收程序。如《所

---

[1]　中国第二历史档案馆：《中华民国工商税收史料选编》第四辑（上册），南京大学出版社 1994 年版，第 190 页。

得税暂行条例》规定了较为合理的征纳程序，充分考虑了征纳双方的情况，特别是纳税人救济措施规定得比较到位，作为刚开征的一个税种，是谓难能可贵。然而，抗战爆发后，受交通、机构与人员变动等影响，不少地方的所得税审查委员会组织难以成立或无法正常开展活动，国民政府财政部根据实际情况作了相应改进，于 1938 年 10 月 15 日以《财政部拟具所得税审查程序补救办法报请核备呈》，呈行政院转呈国防最高会议备案，实施救济办法有两项：一是在抗战期间，各地所得税审查委员会因战事关系不能组设成立，或不能召集会议者，纳税义务人不服征收机关复查决定时，可省略请求审查程序，径依诉愿法提起诉愿；二是所得税纳税义务人依前项规定提请诉愿时，应按照征收机关复查决定税额缴纳税款，俟诉愿终了后，再为退税或补税。

6.3.2　推行简化稽征

所得税的征收是以真实核算经营情况与所得额为前提的，特别是在营利事业所得税征收中，正常方法是通过个别查账来核实计税所得额。但在实际征收当中，因申报、调查、审核等程序较为复杂，加上工商户结账时间过长与征收机关查账人员不足等原因，每年所得税查征工作总是要经过较为漫长的半年时间才能大体完成，往往于 3~4 月纳税人才结账开始申报，5~10 月征收机关陆续派人查账核定税款，当年税款大都要在年底前才能入库。而抗战所需费用巨大，迫切需要加快收入进度，使应征税款早日纳库。同时，由于许多商人造假账，账据大多不全不实，当时的稽查手段又难以查清账证，需要采取更具实效的办法把应收的所得税收上来。于是，直接税署拟订了《三十三年度所利得税简化计税暂行办法》，于 1944 年 4 月通令各省分局参酌办理。后因推行不利，财政部又另行拟订《三十三年度所得税及利得税简化稽征办法》，报经行政院核准于同年 8 月 5 日以部令公布施行。该办法主要是先据以往 3 年课税资料，求出各业各商应课税的标准纯益额，再以 1944 年度所得税及利得税预算数，根据各业各商的标准纯益额按比例分配。

从全国情况看，实施简化稽征，中小城镇由于工商户建账的不多，以往就多采用估计办法，因此，征纳双方都比较欢迎，办理亦比较顺利。但在大城市，因工商户众多，商情复杂，整理资料费时太长，评议审查时又须经商会、同业公会及审查委员会数度评议，手续烦琐，而商会、公会负责人多系大商巨贾，难以避免其利用手中掌握的评议权力为自己及亲友减轻税负，因此执行起来困难重重，反而费力费时。针对出现的问题，财政部作出改进，于 1945 年 6 月公布了《三十四年度所利得税简化稽征办法》，恢复申报，废止依照预算分配税额，以当年抽查资料为核税依据，抽查各业中账据比较完备确实的一定比例商户，决定各该业标准销货毛利率、费用率及资本毛利率、费用率，以推算各该业销货标准纯益率及资本标准纯益率，并简化评议程序，征收机关决定各业标准纯益率后，即连同计算依据文件，送请审查委员会于 10 日内召开会议审定，不再进行层层评议。

继营利事业所得税于 1944 年实施简化稽征之后，薪给报酬及证券存款利息所得税也实行了简化稽征。财政部于同 11 月复拟订《第二类甲项公务人员薪给报酬所得税简化稽征办法》，呈奉行政院核准于 1945 年 1 月起执行。简化稽征办法规定扣缴机关于每月月终发薪时，根据薪俸名册，计算应纳所得税额，填具缴税单，汇总送缴当地国库或其代理机关，并将缴款书收据联贴在薪俸名册封面，加盖骑缝戳记，随同报销，径送审计机关，毋庸再向直接税机关按月填送所得额报告表及扣缴清单。随后，财政部又拟订《自由职业者薪给报酬所得税简化稽征办法》，呈奉行政院于 1945 年 1 月核准，与甲项简化稽征办法同时施行。简化稽征改个别向主管征收机关申报为由公会将会员所得额集体申报，由公会根据实际业务情况，公开评定各会员收益等级及各级所得额概数，决定所属会员每月所得额，再编造会员收益等级清册及各级所得额概数表进行申报。主管征收机关对公会申报情况进行调查，核定各级所得额并计算其应纳税额后分别通知照缴。

6.3.3 改良源泉扣缴

《所得税暂行条例》规定，第一类丙项一时营利事业所得、第二类薪给报酬所得、第三类证券存款所得大都由扣缴义务人扣缴。公债、库券利息所得税的扣缴义务人最初规定为各债券经付本息金的银行。后发现公债、库券的实际管理者并不是银行，为加强管理，由所得税事务处改定为一律由各公债基金保管机关扣缴。公库制度于 1939 年实施后，由于收支已归统一，为集中办理，简化手续，便利稽征，直税处又拟订《中央公债库券利息所得税缴报办法》，规定中央公债或库券到期利息由国库如期支付者，即由中央银行国库局于接到国库支付书时就其支付利息总额依照规定税率提扣所得税报缴。该项公债及库券，不论在市场发行或向银行抵押借款，其到期应付利息由银行代财政部垫款支付者，国库局应于接到国库支付书时，就其利息总额依照规定税率提扣税款报缴，其他原经付及代财政部垫付各种债券利息的银行，不再分别扣缴税款，亦不再给予奖励金。该办法由直接税处于 1940 年 6 月 15 日函请中央银行国库局及国债司、国库署查照办理，并令饬所得税川康办事处遵照执行。[①] 所得税扣缴方法的改良，有利于源泉扣缴到位，亦节省了一笔付给银行的税款扣缴奖励金。

6.3.4　强化税收控管

6.3.4.1　要求各级政府机关支持配合所得税征收工作

国民政府所得税为中央税，地方政府没有切实利益，因此在初期配合不得力，甚至采取观望或不予配合的态度。针对这种情况，国民政府中央加强了对地方政府的督促，要求各地充分明了开征所得税的意义，全力支持配合所得税征收机构的工作。在财产租赁出卖所得税推行当中，一开始社会上即有缓征的呼声，有些地方政府和机关不予配合，征收机关也持观望态度。应该看到，财产租赁出卖所得征税的征收范围有一部分确实与土地税、田赋重复，这也是广受诟病之处，但大部分是不重复的，许多人反对征税还是出自他们自身利益受损之故。鉴于该税开征后遇到的困难很多，为顺利推行，财政部特呈请行政院转报国民政府通令全国各级政府机关，一致协助推行。1943 年 4 月 26 日，财政部又令田赋管理委员会转令各省田赋管理处，对征收机关前往查阅田赋征册，应随时提供便利。5 月 22 日，行政院发出通令，要求各级政府机关加强对租用或购买民产者的宣传，切实奉行法令，扣缴税款。同时，为调动地方当局协助稽征的积极性，财政部决定援照营业、印花、遗产各税成例，提拨实收税款三成，分配给地方，以充裕地方自治财政，并于 1943 年 11 月 8 日电令各

---

① 金鑫等：《中华民国工商税收史》直接税卷，中国财政经济出版社 1996 年版，第69－70 页。

省税务管理局，明确提拨的新税尽先抵补裁废不合法税捐，其余悉数拨充地方各项建设经费；提拨数额以新税实收数除去退税数及暂定征收费 10% 后，按其纯收入额提拨三成为限；各县对于新税分配标准及提拨手续，依照中央分配县市国税处理办法所规定的营业、印花、遗产各税同样办理；提拨日期，自各该县市新税开征日起。① 随后，国防最高委员会又根据国民参政会第三届二次大会缓办财产租赁出卖所得税的建议，交财政部核办，财政部根据实际情况同意该税土地所得部分暂缓征税，以示对各地灾情的体恤。② 这些办法的实施直接关系到地方自治财政和不少人的利益，在客观上有利于发挥地方当局协助稽征所得税的积极性，但也是各方斗争和利益妥协的结果。

国民政府行政院也针对各地商人于直接税征收机关依法征税时，每多企图逃漏、抗税情事，一些地方政府及有关机关则不予协助，致使税局不能有效执行公务的情况，"严令各地方政府，对当地直接税征收机关稽征行商一时所得税及其他所得税，应切实协助，以俾税政"③。

6.3.4.2 加强综合所得税征管

1946 年修正《所得税法》颁布后，开始开征综合所得税。由于当时开征条件还不太成熟，施行之初又值全国财粮会议决议改变财政收支系统，各分局因办理土地税、契税、营业税移交地方接管，以及直接税机构裁并与人事调整等原因，稽征工作受到影响。而综合所得税作为初办新税，民众尚未明了新税意义，推行困难很大。特别是综合所得税因有宽免差别规定，不能像分类所得税那样采用课源法，须采用申报征收法，由纳税义务人依照规定期限直接向征收机关申报，而当时个人申报所得税没有成为普遍的习惯，当时户籍调查登记也不完善，遇到的阻力较大。但综合所得税是所得税中最为公平合理的方式，推行的意义重大，因此，国民政府采取各种方法不遗余力地推行。为便利综合所得税纳税申报，当局在各区乡镇公所或中心小学设立联合申报委员会。纳税

① 金鑫等：《中华民国工商税收史》直接税卷，中国财政经济出版社 1996 年版，第 85–86 页。
② 中国第二历史档案馆：《中华民国工商税收史料选编》第四辑（上册），南京大学出版社 1994 年版，第 478 页。
③ 中国第二历史档案馆：《中华民国工商税收史料选编》第四辑（上册），南京大学出版社 1994 年版，第 1165 页。

义务人的所得报告应按规定期限先送联合申报委员会，委员会接到报告后，应在 1 个月内召开会议公开审查，并将各纳税义务人报告的所得额及审查结果汇报于主管征收机关。所得额在 100 万元以上的纳税人经主管征收机关批准可不参加联合申报，由其向征收机关单独申报，但应通知所在地联合申报委员会。联合申报委员会设委员 5~7 人，成员在该地区公正人士中选聘，各区乡镇长、中心小学校长及主管征收机关之代表为当然委员。主管征收机关于每年申报期间，应派员至各区乡镇联合申报委员会，会同督促各纳税义务人申报，并知道委员会工作。主管征收机关对于所得额的报告，发现有虚伪、隐匿或逾限未报者，可径行决定其所得总额。① 这些措施采取后，为综合所得税的广泛推行打下了基础。

6.3.4.3 加强收复区所得税征收

随着抗日战争节节胜利，原被日寇占领的地区陆续收复，随之而来的是如何在收复区开展所得税征收工作。国民政府财政部为在收复区开展直接税征收工作，于 1945 年 10 月 12 日下发《直接税署检发〈收复区直接税征免办法〉的训令》。公布的《收复区直接税征免办法》中，甲项对所得税及非常时期过分利得税部分规定：收复区的第二类薪给报酬所得税、第三类证券存款所得税及财产租赁出卖所得税，一律自各该省区直接税征收机构成立之日起征收；收复区的第一类营利事业所得税及非常时期过分利得税，一律依照（现行所得税法）于 1946 年 1 月起征收。为尽快在收复区开展所得税征收工作，国民政府财政部在抗战结束后迅即派员至收复区重点城市恢复或建立征收机构，特别是在税源较大的上海、江苏、浙江、北平、天津、广东等地成立直接税局及下辖地区直接税分局。同时，克服经济不景气、工商业在沦陷期内深受敌伪剥削而举步维艰、收复区民众对所得税缺乏认识、与所得税征收相配套的银行等机构未接收完成、征收人员严重不足的困难，加紧开展征收工作。在征收方法上，先易后难，加强可源泉扣缴的薪给报酬所得税及证券存款利息所得税征收。对工商业的营利事业所得税，一方面由财政部明确 1945 年免征，以体恤

---

① 中国第二历史档案馆：《中华民国工商税收史料选编》第四辑（上册），南京大学出版社 1994 年版，第 177－178 页。

工商受敌伪盘剥，另一方面要求从 1946 年 1 月起征税，并取得有关机关与当地商会的配合，加紧征收。同时，采取有别于后方的征税措施，如先核定各业各种标准纯益率，并分别计算各业各商所得额，再将各业所得额相加，求得全市或县所得总额，参酌各该市县税收预算数额，计算各业各商应纳税额，经审查委员会审定后由主管征收机关最后决定应征税额。此种办法实际上是一种税收分配征税法，特别是以税收任务来决定征收税额，与所得税的税理相冲突。但在当时战争刚刚结束的环境当中，这种方法也有其一定的可行性。由于采取了各种征收措施，收复区所得税逐渐恢复征收，虽然开初征收效果不理想，但随着征收工作全面开展，所得税在全国得以普及。

6.3.5　对改进稽征方法的评价

改进征收程序的两项办法是为顾全实际酌予变通条例的规定，以期双方兼顾，且其中规定得很明确，只有受战事影响才能变通，不影响则须依照条例的规定办事，但在实际征收中往往容易出现越权变通的情况。简化稽征方法在当时抗战环境下，在客观上更有利于筹集战费，但将预算分配数，逐级分配于各工商户，接近摊派，难以顾及各业户之间实际盈亏差异，造成应重税者轻课，因亏损等原因该免者照课，实为以支定收。经过改进后，基本符合税法精神，在推行中反响较好。应该说，简化稽征办法有一定的进步，比如比较注重所得的民主评议，有利于控制纳税人等，但与现在某些地方实行所得税最低税负率的做法有类似之处，与所得税法规定相违背，但因为难以准确核定纳税人所得额，为避免税款大量流失，又不得不为之。强化控管措施的成效还是较为明显的，不仅使所得税在全国得到推广，还促进所得税收入不断增加。

6.4　所得税社会认同日渐增强

所得税开征后，由于政府和财税机关大力宣传，再加上知识界和学术界的热议与大力推崇，国人对所得税的认识逐渐加深，在许多人头脑当中大都将其定位为"良税"，不少人还知晓其为最主要的直接税，以国民纳税的能力所得为课税标准，采取较为公平的累进税率，纳税人的适用税率因其所得的多寡而不同，纳税普及、负担公平、富有弹性、税收稳固是所得税相比其他大多数税的显著优点。而实行所得税本身就是一种公民的教育和训练，因为所得税的实行使人民知道这种税制的良好，对中国税制的改革、经济的复兴十分必要。"在人民方面，既然知道了所得税制的良好，和对于国家的切要，就应该竭力去拥护它，帮助政府去推行它，切不可抱着观望的态度，或怀疑的心理：因为一种良好的税制，如果不得到大多数的人民拥护合作，逃税是很难防止的，尤其是所得税这种税制，就很难成功或顺利推行。所以今后实行所得税的成功与否，除政府的努力之外，还要看人民能不能拥护合作，幸而所得税暂行条例公布之后，国民都表示欢迎赞成，这不能不说是中国近年来的一种进步。"①

所得税征收机关加紧对商民进行宣传辅导，如西安所得税开征后，除独立商人造报营利事业申报应用的会计书表外，还针对账簿组织不全和一般商人知识的疏漏，选择一两个行业的商人作为首创，其他各业则由主席或业务精敏的商人首先造报，俟指正无误后，再将其造报手续转相传述。如果有疑问的，随时可到所得税办事处询问，办事处详细宣传解释，务使其明了。② 通过较深入的宣传辅导，纳税人对所得税逐渐了解和接受，效果明显。

另外，所得税得以较为顺利的推广可以说是抗战帮助了它。因为在抗战中，国民基于高度的爱国心，愿意牺牲自我，踊跃输将帮助抗战，结果使所得税意外地顺利成长起来，其成功在一定程度上为抗战所赐。所得税作为较为繁复的赋税，其实施时所需的社会、政治、经济等客观条件，在我国还未完全具备。由于当时一是国民政府财政亟待改革，而欲改革财政则应从改单赋税做起；二是在全面抗战前夕开征所得税，以筹集战费，广大民众也更容易接受。再加上当时施行所得税顾及实际困难，以期简便易行，培植初基。因此抗战发生后，社会经济变动虽剧，所得税实施以后在短期内即使民众形成纳税习惯，所得税制度也逐渐得到充实和改进。③

---

① 何廉：《国人对于所得税应有的认识》，《广播周报》，1936 年第 109 期。

② 中国第二历史档案馆：《中华民国工商税收史料选编》第四辑（上册），南京大学出版社 1994 年版，第 807 页。

③ 财政部直接税署：《直接税通讯》，财政部直接税署出版，1947 年第 30 期，第 3–5 页。

所得税在抗战期间顺利推行，为筹集战费作出了明显贡献。然而，抗战胜利并没有成为推进所得税前行的催化剂，尽管所得税修正为在理论上更为先进的分类综合所得税制，但随着内战全面爆发，所得税逐渐成为国民政府当局榨取民脂民膏的凶恶工具，广大民众也由对其多有好感而变为深恶痛绝了。

第 7 章 /

民国后期所得税征收乱象分析

抗日战争的胜利并没有使中国人民的苦难到头,不久即爆发全面内战,致使经济全面败落,物价飞速上涨,民生十分凋敝,国民政府的财政状况恶化迫切想通过多收、快收税款来摆脱困境。于是,表现在所得税上,多次修正税法和进行税收制度调整,并不惜抛开所得税法理基础,肆意践踏税制原则,采取估缴、摊派、强征等苛征和勒索办法,将抗战期中发展和不断改进充实的所得税这个良税,办成了民众怨声载道的恶税,抗征拒缴愈演愈烈,最终致使所得税名存实亡。

7.1 税法修订频繁

1946 年修正《所得税法》以后,内战的全面爆发致使经济形势全面恶化,通货膨胀严重,刚刚修正的税法跟不上物价涨势,难以执行。于是,国民政府在 1947 年 3 月 15 日颁布《所得税法免税额及课税级距调整条例》,调整免税额及课税级距,以使纳税人负担过重的矛盾有所缓和,所得税的征收能够较顺利地进行下去。然而,由于内战愈演愈烈,物价更难控制,《所得税法免税额及课税级距调整条例》颁布后,并没有达到预期的目的。当局只好于 1947 年 4 月 1 日颁布第二次修正的《所得税法》,将所得税法和施行细则的内容合二为一,规定每 3 个月调整一次薪资所得及一时所得税税率。货币的加速增发和工商企业广受战争摧残,使中国经济到 1948 年处于崩溃边缘。为极力摆脱政治、经济困境,国民政府实行以金圆为本位币取代替法币和东北流通券的币制改革，随后颁布《整理财政补充办法》，其中修改了定额薪资所得税及一时所得税起征额与课税级距。而改用金圆券后不仅没有遏制住物价疯涨和经济萧条，更由于迅速走上了滥发货币的老路，金圆券币值贬值速度比法币还快。国民政府又进行第二次币制改革，发行银圆券取代金圆券，随之于1949年9月7日颁布第三次修正的《所得税法》，规定可视经济情形变动与国库需要随时调整各类所得及综合所得的起征额与累进税率的课税级距，而此时国民政府已走到穷途末路。

在近3年时间内，《所得税法》频繁调整和修正，改动较大的就达5次，用朝令夕改来形容这段时期的《所得税法》变更情况亦不为过。应该说，当局每次煞费苦心调整和变动的初衷都是为了解决所得税制度执行当中的问题和困难，在客观上也起到了适应物价变动，缓解"虚盈实税"而导致纳税人负担过重的矛盾。然而，由于物价上涨过速，这些调整和修正所起到的作用都转瞬即逝。可是，《所得税法》这么频繁的变动，实在是让广大商民难以弄清变动的内容，也对这些变动难以接受，无所适从。

7.2　估缴摊派盛行

民国后期，当局为了加强所得税征收，不惜践踏所得税以所得额为纳税能力标准的法理原则，随意改变纳税程序和征收方式，甚至是采用估缴、摊派等明显的劣税固有手段，将所得税这个中国有史以来"第一良税"的形象损毁殆尽。

7.2.1　改先查后缴为先缴后查

《所得税法》规定，纳税义务人应按照规定向主管征收机关进行所得额纳税申报，主管征收机关在接到各类所得额报告后，随时派员调查，查定所得税及其应纳税额后，应通知纳税义务人依期缴纳。[①] 而为了达到快收、多收税款的目的，国民政府财政部在1947年1月13日颁布行政院核准的《1947年度第

---

① 中国第二历史档案馆：《中华民国工商税收史料选编》第四辑（上册），南京大学出版社1994年版，第177－178页。

一类营利事业所得税稽征办法》，并于该年 2 月 7 日颁行《1947 年度第一类营利事业所得税稽征办法应行注意事项》，却将《所得税法》的先查后缴规定改为主管征收机关接到纳税义务人申报后，应即先按申报所得额及规定税率，计算暂缴税额，填发缴款书限期饬缴，然后再进行调查。本来按照申报、查定所得税程序，纳税义务人办完缴税事项应在每年 9～10 月份，新办法实施后，就将缴税提前到了年初，损害了纳税人的法定利益。

其后，又下发政府主席蒋中正、行政院院长宋子文、司法院院长居正、检察院院长于右任联合签署的《国民政府关于营利事业所得额申报期限的训令》，要求各地征收机关应加紧稽征第一类营利事业所得税，规定纳税义务人于 3 月 15 日以前向当地主管征收机关申报所得额，由主管征收机关就其申报额计算应纳税额，通知先行缴库。其有特殊情形未能于 3 月 15 日以前结算竣事，报由主管征收机关核准者，应先行估计应纳所、利得税额，预缴 50%，其结算申报期限的延长不得超过 4 月 15 日。主管征收机关对各申报单位仍应依照《三十六年度第一类营利事业所得税稽征办法》的规定，实施调查核计确实税款。其有延不申报或申报不实及故为虚伪报告者，从重惩处。[①] 至此，强制纳税人预缴税款的现象成为常态。

7.2.2　实行估缴制度

1948 年以后，国民党政府军节节败退，国统区日益缩小，民生凋敝，工商境况艰难，财政更加入不敷出。为寻求财政出路，政府当局再次改变稽征办法，在预征税款的同时实行估缴制度，营利事业所得税先按上年度纳税总额的数倍估计先缴后，再依税法规定查定应纳税额，多退少补。这完全是一种只顾收税不顾法律规定的行为，而且因为政府财政日绌一日，已收税款要想退回比登天还难。当时的估缴税款制度在 1948 年 2 月 9 日《财政部检发 1948 年度营利事业所得税稽征办法的训令》中规定得较为详细：主管征收机关于年度开始后，估定暂缴税额，先令纳税义务人缴纳，俟依照税法查定应纳税额后，再行通知补税。如有溢缴，应退还之。参照 1948 年度与 1947 年度岁入预算

---

① 中国第二历史档案馆：《中华民国工商税收史料选编》第四辑（上册），南京大学出版社 1994 年版，第 989－990 页。

及营利事业所、利得税预算比较增加之倍数，暨 1947 年与 1946 年物价总指数比较增加之倍数为标准，将 1947 年度核定各纳税义务人应纳营利事业所得税与利得税总额，暂照 6 倍计算缴纳。凡在 1947 年新设立或 1946 年终了前设立而尚未纳税的营利事业，暂按其申请登记资本实额 12.6% 计算缴纳。主管征收机关应于 2 月 15 日起 1 个月内，将纳税义务人估定暂缴税额填发缴款书送达纳税义务人，限自送达日起 30 日内缴纳。对难以查账的营利事业，则按照各种计税比率计算所得额征税。以上规定，不仅估缴预征，而且征收率高，估征随意性大，且纯粹是出于财政收入目的，全然不顾税法尊严。

估缴制度的公布，遭到各地商民强烈反对。重庆市纱商、棉花、颜料等同业公会在 1948 年 4 月 20 日市商会召开的春季会员大会上提出提案，认为财政部公布之 1948 年度营利事业所得税稽征办法，采取"估征预缴"，是纯以财政为目的，而非以税政为目的。该项办法未经过立法程序，实是以行政命令变更税法，是毁法玩法之举，全市工商业不能接受。浙江省商会联合会及杭州市商会在致行政院的代电中，均持同样理由，坚请收回成命。在政府几经施加压力、法币不断贬值的情况下，拖至 6 月中旬半年预算将结束时，各地商民始陆续将暂缴税额缴库。① 然而，抗征拒缴现象也同时大量存在。由此可以看出，没有一个稳定的局势，也就难有稳定的税制，更不会形成稳定的纳税局面。

1948 年 5 月 6 日，财政部遵照经济紧急措施方案制定整顿税收实施办法，强调：加强征收营利事业所得税，对有特殊情形未能如限申报者，由征收机关估计先缴 50%；违法商号责成法院从重惩处。严密稽征存款利息所得税，规定各地中央银行于检查行庄账目时，查催存款利息所得税。加强控制行商一时所得税，规定各地交通运输主管机关、邮局、商业主管机关及地方税捐征收机关，依照《行商一时所得税稽征办法》的规定切实协助，不得推诿。②

---

① 金鑫等：《中华民国工商税收史》直接税卷，中国财政经济出版社 1996 年版，第 150 页。
② 中国第二历史档案馆：《中华民国工商税收史料选编》第四辑（上册），南京大学出版社 1994 年版，第 72 – 73 页。

7.2.3　推行估定税额办法

1948 年，由于物价飞涨，经济状况急剧恶化，国民政府实行币制改革，与此相适应，以总统令颁布《整理财政补充办法》，其中修改了营利事业所得税稽征方式，自 1948 年起，分上下两个半年度征收，纳税义务人应于 8 月底（1948 年允许延至 9 月底）及次年 2 月底以前，分别向征收机关申报其半年度所得额，征收机关应于查定后，通知限期缴纳。征收机应于半年度终了后，参酌上半年度各业营利实况，估定各业所得额及应纳税额，通知纳税义务人于限期内缴纳。凡遵限缴纳的，免除其申报义务，并免予查账。遵照估缴 1948 年上半年度所得税缴纳的，并免除其 1947 年度所得已估缴税款以外的纳税义务。纳税义务人不依限申报或纳税者，严格依照所得税法处罚。此项修改实际上使所得税不成其所得，而变为任意估缴的恶税。这时，国民政府已经顾不上税法的原则了。

采用估定税额方法课征营利事业所得税，其目的在于尽量简化课征手续，避免标准计税制须调查大量典型户计算各种标准比率之烦。然而，各地征收机关在执行中多将当期预算分配数按各个行业业营业状况分配给各业，再由行业公会分别摊给各个会员。不少征收机关则采用更简单的方法，即将税收预算数按上半年估缴税额加征若干倍。本来"估定税额"就不合税法规定，而征收机关却更进一步，直接摊派和加征了。

7.2.4　改估定税额为分摊包缴

在所得税纷乱频繁的调整与修正中，时光转眼就到了 1949 年。政治的破产，军事的一败涂地，经济的满目疮痍，财政的极度恶化，迫使国民政府当局作出最后挣扎，在经济上于当年 2 月 24 日颁布《财政金融改革案》，力图通过贸易、金融、财政改革来缓解滑向深渊的速度。其中，在所得税方面采取了简化征课程序，改估定税额办法为同业分摊包缴。财政部国税署于 1949 年 2 月 28 日电令各地征收机关，自 1949 年起改由各征收机关根据分配的预算，会同商会等团体就各业营业情况，估定各业应纳税额；各工商同业公会再将预算税额分配给工商户，并负责催缴；各公会首须造报会员清册，次须造报会员税额

分配清册，申报手续概予免除，以简化程序来争取收税时效。上期税款盼能于
3月底前缴库，下期税款期于7月底前办竣。①

　　紧接着，财政部又颁发1949年度营利事业所得税稽征办法的训令，具体
布置分摊包缴事项，规定1949年度营利事业所得税分上下两期征收，凡在
1949年上半年依据1948年下半年所得征课的税款，为1949年上期税款；凡在
1949年下半年依据上半年所得征课的税款，为1949年下期税款。各营利事业
应纳1949年税款，应由所属工商同业公会于3月31日及7月31日前，将名
称、地址、负责人姓名、销货额（收益额）及商况等级造具清册，呈报主管
稽征机关。主管稽征机关接到清册后，应即就各业情况，参酌当地商会及同业
公会意见，估定各业应纳税额，通知各同业公会。各业公会接到通知该业应纳
税额后，应于7日内召开理、监事会，就各会员半年度所得情形评定税额，造
具会员纳税清册，报告于主管稽征机关。主管稽征机关接到上项清册后，应即
核填缴款书，交由各工商同业公会，即日送达务会员，限于15日内径缴国库。
各工商业同业公会不遵照本办法规定办理者，主管稽征机关应参考各业商况及
其他有关资料，径行决定该业纳税人应纳税额，填发缴款书，分别通知限于
15日内缴纳。主管征收机关依照以上办法决定的税额，应视同依所得税法调
查核定的应纳税额。纳税义务人不服前项决定税额者，应将税款全部缴清，并
于纳税期限过后20日内，依照规定具文当地主管稽征机关请求复查。其不缴
税款或不依限申请复查者，概不受理。纳税人接到缴款书后不依限缴纳者，依
《所得税法》规定处罚。各工商同业公会应协助稽征机关催缴所属会员应纳税
款，如能全数依限催缴足额者，由主管稽征机关按照该会会员缴税总额，给予
该公会1‰奖励金。②此项训令完全凌驾于税法之上，改变了《所得税法》的
许多规定，肆意践踏税法已经到了疯狂的地步。

7.2.5　由行业分摊包缴到直接估定税额

　　行业分摊包缴办法实施后，为加强征管，财政部又于1949年7月27日下

---

①　金鑫等：《中华民国工商税收史》直接税卷，中国财政经济出版社1996年版，第152页。
②　中国第二历史档案馆：《中华民国工商税收史料选编》第四辑（上册），南京大学出版社1994
年版，第1037－1038页。

发了关于 1948 年下半年度营利事业所得税应行注意事项的训令，要求各稽征局营利事业所得税已查定的税款，应切实按照《财政金融改革案所得税部分实施办法》严催纳库。1948 年下半年度所得税预算庞大，应即积极准备开征。严格考核过去办理所得税业务人员的工作成绩，并应慎选操守廉洁、工作勤奋人员，调充估税及外勤职务。参照原有纳税单位底册、各同业工会会员名册及派员赴当地营业税征收机关查抄纳税单位资料，于 8 月 1 日起举行普查。限 8 月 20 日前将各项应行编造的总登记册、业领户册、地领户册一律完成。1949 年上半年各业营业情况，应责由各商业同业公会分别等级限期呈报。统计纳税单位的总数并分析其纳税能力，于 11 月底前专案报部备核。严密清查利用合并、解散、转让、歇业或改牌等名义企图逃税的营利事业，与当地政府取得联系，追课其应纳各种税额。

上述训令可谓布置周密，然而，各同业公会已对当局苛征滥敛深恶痛绝，大多采用拖延的办法迟迟不对会员评定税额，所得税行业分摊包缴效果甚微。为了快速收到税，国民政府财政部于 1949 年 9 月 14 日公布《1949 年下半年度第一类营利事业所得税稽征补充办法》，除了原先规定的各种严厉征缴措施外，还规定 1949 年上期所得税款，如未照估缴清缴者，应依法处罚并清缴。1949 年下期营利事业所得税的估定，以分业订立标准，估定各单位的应纳税额为原则。其无同业公会组织的行业或未加入同业公会的商号，主管征收机关可视其营业性质，列入有关界别。各同业公会应于 9 月 15 日以前，将所属会员名称、负责人姓名、半年销货或营业收入约计数（银行、信托业及经济部立案的公司组织，并应列报资本实额），并召开理、监事会议，以计分法区别各该业每一纳税率单位等级，造册报请当地征收机关复核。同业公会不依限造送会计计分清册时，主管征收机关可直接、间接调查，比照性质相近界别的商况径行估定。各纳税义务人对于主管征收机关估定的税额，应于缴款通知书到达 15 日内，将全部税款缴清。其不依限缴纳者，依《所得税法》第 156 条办理（按欠税时间长短处以 20% 至 3 倍罚款）。

从 1947 年起，国民政府当局将营利事业所得税制度从先查后缴改为先缴后查，再改为估缴、估定、分摊包缴和直接估定，随意性和强制性越来越强，为收到税不择手段，税法原则摧残殆尽，也引起了纳税人的普遍反感和极力抗争，不服征收机关估缴、摊派所得税款的现象时有发生。如 1947 年江西广昌县白水镇纳税人黄永隆已向白水镇商会备案，且呈请前宁都直接税务分局注销营业，已核准免予缴纳所利得税。而宁都直接税务分局广昌查征所却通知其缴纳年度所利得税，黄永隆逾期未缴，宁都直接税务分局广昌查征所即提请江西广昌县司法处进行刑事裁定，司法处裁定抗告人逾限欠缴所得税并进行处罚。黄永隆即抗告至江西高等法院，并提供前宁都直接税务分局注销所利得税奉批作为不缴税的证据。在铁证面前，江西高等法院只得裁定撤销广昌县司法处给予抗告人逾限欠缴所利得税的处罚裁定。① 从以上抗告案可看出，所得税征收机构对已核准注销营业的商户仍然通知饬缴年度所利得税，且县司法处还裁定注销商户逾限欠缴莫须有的所利得税并给予处罚，可见征税已到了不顾纳税人经营情况和法律规定强行摊派的地步。

又如开设于南昌市西带子巷的源昌行，由财政部江西区直接税局南昌分局于 1948 年 5 月 6 日送达估定暂缴税额缴款书通知其缴纳所得税暂缴税款 1000 万元，该行以已缴清税款为由拒缴，直接税局南昌分局即提请江西南昌地方法院裁定。法院裁定源昌行欠缴税款 1 个月罚款 500 万元。该行法定代理人熊再兴不服抗告至江西高等法院，并出示相关缴税证据。江西高等法院下达刑事裁定，抗告人提出国库南昌支库所得税缴款书二纸，其中一纸系 5 月 31 日缴纳的另一笔应缴税款，而其同年 6 月 24 日所缴纳税款的缴款书是本件应缴税款，核其缴纳日期自本年 6 月 5 日起算亦已逾 15 日以上，原裁定并无不妥，驳回抗告。② 由于抗告人出示两张所得税缴款书谓已缴清税款，因而对江西南昌地方法院裁定未遵限缴纳财政部江西区直接税局南昌分局估定 1948 年度所得税暂缴税款 1000 万元责令限期缴纳并罚款 500 万元抗告至江西省高等法院，分析可知，该笔税款为估定的预缴税款，事实上，源昌行应缴年度所得税款第一张缴款书已缴纳。

从上述抗告案可看出，民国后期国民政府当局为了更多地搜刮民财，不仅采取任意估税、摊派等手段，而且预征税款，并且对抗缴税款处罚严厉，稍为拖欠本不应缴纳的估定税款，即处以重罚。

---

① 《黄永隆违反所得税法抗告案》，江西省高等法院，江西省档案馆档案号 J18 - 7 - 12793。
② 《源昌行违反所得税法抗告案》，江西省高等法院，江西省档案馆档案号 J18 - 7 - 15937。

7.3　抗征拒缴频发

　　民国后期《所得税法》变更频繁，虽然每次调整和修正都考虑了通货膨胀的因素，但后期经济恶化的周期短，幅度大，即使频繁调整、修正仍然无法赶上物价上涨速度，税率等调整不及时，导致了纳税义务人出现"虚盈实税"现象，"新税法分类所得部分规定无限公司两合公司合伙独资及其他组织营利事业之所得与薪给报酬所得甲项所得每年未超过十五万元者，及第二类乙项所得未超过五万元者免税之规定，未免过低，值此物价高涨之秋，十五万元或五万元，自己生活亦不能维持，何能养父母妻子，应依现在生活程度将免税类提高。"[①] 国民政府财政部自身也认为："币值下落太剧，税率调整后转瞬便失时效……纳税人事实上都负担最高级税率。"[②] 没有盈利却还要纳重税，工商业者为求得生存，要么纷纷制造假账进行消极抵抗，要么拖延申报缴税。而政府则采取奖励告密的方式来遏制商民逃税，造成社会骚动，引发抗税现象频频发生。

　　而且，民国后期一些较好的所得税征管办法也没有坚持。如财政部于1947 年 3 月 11 日下令，鉴于审查委员会开会审查时，多方非难，使征收机关处于被动地位，故在稽征办法内，取消审查程序，将所有上年度依法设置的所得税审查委员会撤销。因为各方对税收征收提出一些不同意见，妨碍征收机关为所欲为，所以取消民主评税的审查委员会，社会各界特别是纳税人失去了陈述意见的渠道，实为所得税法制的大幅倒退，引发纳税人强烈的抵触情绪。

　　民国后期，抗告法院所得税欠缴拒缴处罚裁定的案件高发。如 1947 年南昌市喻记理发社因违反所得税法案件不服江西南昌地方法院裁定抗告案等即是典型。喻记理发社因拒绝接受纳税通知等情况，被原通知纳税机关财政部江西区直接税局南昌分局提请江西南昌地方法院裁定。该法院对其作出处罚 5000元的司法裁定，喻记理发社以直接税局南昌分局所得税查定书未载明所得税所

[①]　杨昭智：《中国所得税》，商务印书馆 1947 年版，第 172 页。
[②]　佚名：《改进所得税制度拟议》，财政部直接税署《直接税通讯》，1948 年第 22 期，第 4 页。

属期为由抗告至江西高等法院。① 又如，江西省广昌县恒有庆酒号因欠缴所利得税，被所得使主管征收机关提请裁定，江西广昌县司法处对其欠缴税款作出处罚裁定。广昌县恒有庆酒号法定代理人冯国福以未得纳税通知书、缴款书应缴税额及日期无从获知为由于 1947 年抗告至江西高等法院。② 而永泰号违反所得税法抗告案，则是永泰号以造灯笼并无所得及过分利得可言为由，拒缴所得税 14400 元，利得税 107100 元，被江西南昌地方法院裁定依据所得税法第三十九条第三款，欠缴所得税逾限三个月处以罚锾 3 万元，逾限缴清利得税款处以罚锾 16 万元。永泰号法定代理人永泰祥不服提出抗告，而江西地方法院以抗告人擅自不纳税、原裁定并无不合为由驳回抗告。③

作为税收法律关系中弱势的一方，纳税人不到万不得已是不会提出抗告的。而所得税抗告案的高发，说明征纳双方的矛盾已经异常尖锐。

7.4 税源枯竭萎缩

由于通货膨胀严重，民众取得的收入在数字上看起来可观，在事实上连生计都难以为继，因而拖欠税款的现象普遍发生。在江西铅山县档案馆保存的 1946～1949 年江西河口地方法院相关所得税刑事裁定档案中可以看出，纳税人欠缴所得税款被法院刑事裁定罚款并强制执行的案例大量存在，可见拖欠税款想象在当时普遍存在。而由于欠缴税款往往被税收征收机关移送法院强制执行并处以高额罚款，更加重了民众负担。如铅山县望江楼因入不敷出欠缴 1947 年度租赁所得税 11.9 万元逾限 3 个月，经上饶直接税分局河口查征所移交江西河口地方法院，即被法院刑事裁定处以 1 倍罚款。④

民国后期，国民政府直接税体系中主要有所得税、特种过分利得税、营业税、印花税、遗产税等，以工商业者为主要课税对象。直接税曾经受到国民政

---

① 《喻记理发社违反所得税法案》，江西省高等法院，江西省档案馆档案号：J18－7－12782。
② 《恒有庆酒号违反所得税法案》，江西省高等法院，江西省档案馆档案号：J18－7－12792。
③ 《永泰号违反所得税法案》，江西省高等法院，江西省档案馆档案号：J18－2－13635。
④ 《望江楼欠缴所得税刑事裁定》，江西河口地方法院，铅山县档案馆档案号：00072（27）。

府财政当局的异常重视，但实收情况未能如愿。该税 1946 年在预算中占税收总额的 19.7%，但实际完成情况占税收总额的 16.4%；1947 年在预算中占税收总额的 28.2%，完成额只占 15.4%；1948 年上半年在预算中占税收总额的 32%，实际完成情况无从查考，但结合当时的形势，完成情况也不会很好。国民政府对直接税期望很高，但收效不大。直接税的税负是非常沉重的，在不计通货膨胀因素的情况下，仅以最高税率达"盈利"30% 的营利事业所得税和最高税率达"利得"额 60% 的特种过分利得税两项，就要把许多工商业者全部所谓"盈利"或"利得"的 70%~80% 囊括进去了。而当局还不断加重纳税人负担，如薪给报酬所得税的征收，从财政角度看，本来微不足道，但在物价猛涨、民不聊生、公教人员生活极度困难的情况下，财政当局竟不顾人民的反对，屡次调高起征额及税率。所得税相关规定的频繁调整，折射出国民政府的加速衰落与崩溃。在重税政策下，一方面工商业日益萎缩，直接税税源日渐枯竭，这是国民政府采取杀鸡取卵、竭泽而渔财政政策的必然结果；另一方面则是民族工商者为求生存，消极抵抗的结果。工商业者为了抵制国民政府的重税政策，就不得不用制造假账的方法隐瞒盈利，进行消极抵抗，这在一定程度上影响了直接税的增长。[①]

全面内战的爆发，导致国民政府军费支出暴涨，而由于税源不断萎缩，税收收入远远不能满足财政支出的需求。从预算数来看，军费支出占预算支出的比重：1946 年为 43.52%，1947 年为 52%，1948 年上半年为 66.9%。1948 年下半年以后的军费支出，已无其他数字可查，但结合当时战争规模来考虑，只会高于这个比例，不会低于这个比例。[②] 而据千家驹的估计，仅 1946 年全年军费实际支出当达 6 万亿元，占该年岁出总额的 83.3%。[③]

一方面是战争的庞大开支，另一方面是税源越来越萎缩，造成民国后期国民政府赤字逐年增大，赤字占财政支出的比重不断上升（见表 7-1）。

---

①　孙文学、齐海鹏、于印辉、杨莹莹：《中国财政史》，东北财经大学出版社 2008 年版，第 430 页。

②　孙文学、齐海鹏、于印辉、杨莹莹：《中国财政史》，东北财经大学出版社 2008 年版，第 424 页。

③　杨荫溥：《中国财政史》，中国财政经济出版社 1985 年版，第 174 页。

表 7 - 1   国民政府财政实际支出和赤字情况

年度	岁出 (亿元法币)	岁入 (亿元法币)	赤字数额 (亿元法币)	赤字占岁出的比重 (%)
1946	71969	21519	50450	70.2
1947	49100	12010	28900	70.7
1948	3400000	800000	2600000	76.5

资料来源：孙文学、齐海鹏、于印辉、杨莹莹：《中国财政史》，东北财经大学出版社 2008 年版，第 440 页。

国民政府 1946～1948 年财政赤字虽不断提高，但根据杨荫溥的分析，这个数字也不够准确，当时财政赤字占财政支出的 80% 以上应该更为贴切。[①] 税收收入的不断萎缩，财政赤字的庞大，说明国家通货膨胀政策已用到极致，更加摧残脆弱的经济，广大民众陷入悲惨的生活境地。

7.5   苛征助推崩溃

所得税自 1936 年 10 月在中国正式施行，至国民政府崩溃时止，历时 13 年。在 13 年的施行中，由从国外引进的鲜为人知税种，到逐渐发展为国税重要部分；税制亦由三类所得扩充为五类所得，由分类所得税进而试行综合所得税，税制建设趋于完善。但是，民国时期的工商业长期遭受帝国主义、封建主义和官僚资本主义三座大山的压迫和掠夺，未能得到应有的发展，致使所得税的税源远远没有发达的资本主义国家丰裕。抗日战争结束后，中国民族工商业理应有一个迅速发展时期。但事实正好相反，胜利之初，由于法币流通范围迅速扩大，使物价一度猛跌，许多产品因此而止销；而开支未减，借债要还，工厂被迫停工减产。特别是战后内有四大家族官僚资本垄断，外有美国等帝国主义倾销，民族工商业市场日益狭小。1947 年后，随着国民政府财政经济危机加深，物价狂涨，原料奇缺，税收苛重，民族工商企业减产、停产和倒闭现象日益严重。1949 年 4 月，上海 1000 余家机器工厂中开工的不到 100 家，国统区工商经济已陷入全面危机。[②]

[①]   孙文学、齐海鹏、于印辉、杨莹莹：《中国财政史》，东北财经大学出版社 2008 年版，第 440 页。

[②]   孙翊刚：《中国赋税史（修订本）》，中国财政经济出版社 1996 年版，第 259 页。

抗战胜利不久，国民党把持的政府在美帝国主义支持下，悍然发动全面内战，使军费支出激增，高达国家预算支出的80%以上。为弥补庞大的财政赤字，国民党政府即实行通货膨胀的政策，致使币值狂跌，物价飞涨，这使战后的国民经济迅速走向崩溃。战后，国民党政府接收了价值20亿美元、共2411家敌伪工矿企业。在这基础上形成了许多全国性的垄断组织，控制了旧中国工业资本的80%。同时还由于美国的经济入侵，美货倾销中国，民族工业备受摧残。至1947年，上海、天津、重庆、汉口等20多个大城市的工厂、商店倒闭高达27000多家，工商经济陷入瘫痪状态。工业的崩溃也加速了国民经济的全面崩溃。[①] 到1948年下半年后，国民政府财政状况更加恶化（见表7-2），一月不如一月，最后同样陷入全面崩溃的境地。

表 7-2　　　　　　　　1948 年下半年国民政府财政状况

月份	支出 （百万元金圆券）	收入 （百万元金圆券）	赤字占支出的比重 （%）
9	343.4	108.9	69
10	282.8	145.1	49
11	674.9	172.4	75
12	2649.6	446.7	83

　　资料来源：张公权：《中国通货膨胀史》，文史资料出版社1986年版，第112页；收入孙文学、齐海鹏、于印辉、杨莹莹：《中国财政史》，东北财经大学出版社2008年版，第441页。

　　经过艰苦卓绝的14年抗战之后，全国本应该休养生息，恢复元气，却接着展开更为浩大的国共内战，致使工商凋敝，民不聊生。而民国国民政府后期的征收乱象，也致使所得税成为一种民众切齿痛恨的恶税，理所当然地遭到纳税人的强烈反对和欠缴抗征，这与抗战时期人民踊跃输将的状况截然不同。因此，即使一种税本身是良税，征收方式方法不好，同样会办成恶税。民国后期所得税的运行轨迹，既是时代演变的缩影，也在一定程度上激化了社会矛盾，助推了社会变革，通过旧的所得税制彻底破产，而催生新中国所得税制的破壳而出。

---

　　① 黄天华：《中国税收制度史》，华东师范大学出版社2007年版，第712页。

第 8 章

结语：民国所得税制的经验教训
与思考

现代所得税从英国产生至今已有 200 多年的历史，作为一种兼具普遍、公平、弹性的直接税，被认为是富有人性及社会性的税收。[①] 目前，世界上绝大多数国家和地区都已建立起了所得税制度，并不断得到推广和深化。我国在民国时期不遗余力地推行所得税并取得成功，不仅标志着中国传统税收体制开始向现代税收体制转化，也成为所得税这个世之良税在中国征收与不断发挥重要作用的开端，民国时期所得税问题研究，对中国所得税制度的不断发展和深化意义重大。

中国所得税从清末民初开始筹议，民国初期北京政府颁布《所得税条例》，其后屡办屡罢，至民国国民政府时期才正式开始施行，后通过正式颁行《所得税法》并不断调整和修正，所得税征收范围逐渐扩大，从立法的角度看形成了较为规范齐备的所得税制度，所得税的课征实践日丰。"以史为鉴，可以知兴替"，民国所得税的曲折推动过程，为后世留下了宝贵的经验教训，也给改进和完善现代所得税制度以不少启示。

8.1 施行所得税的成功经验

所得税经过清末民初的酝酿，到民国北京政府筹办与试办，再到国民政府

---

① 张志梁：《所得税暂行条例详解》，商务印书馆 1937 年版，第 4 页。

成功施行，有不少经验值得后人总结。

8.1.1　顺应时势潮流，吸取别国长处

所得税于 1798 年始创于英国，后来美、日等国相继仿行。所得税既是较为发达国家税制中的主体税种，也是这些国家财政收入的主要来源。在现代税收理论当中，所得税制是最公平合理的先进税制，它从对物纳税转变为对人纳税，并从分类所得课税发展为分类综合所得课税，具有组织收入和调节经济及其社会财富分配的明显作用。国民政府的所得税制是参照世界上较发达国家先进的所得税模式建立起来的，是对旧封建税制的一项重大改革，在我国税制发展当中具有划时代的意义。"回顾我国所得税之创意，始自清末，当时值维新之初，凡百外制，均在大量吸收，欧美税制自在采择之列。"[①]

早在清末宣统二年（1910 年），清政府度支部即仿照英美日等国引进所得税制，拟具了《所得税章程草案》30 条。[②] 该草案虽未实行，但也预示着封闭的中国开始接受外来先进税制理念，开始改良中国封建旧税制。1914 年 1月 11 日，北洋政府参考日本所得税章制，在清末《所得税条例草案》基础上颁行所得税条例 27 条，具体规定了所得税的课税范围、税率等级、计算方法、免税事项及征收程序。[③] 这在我国所得税法制史上开了先河，在整个中国税制史上都具有重要地位。而民国国民政府在长期酝酿和试办基础上，于 1936 年正式开征所得税，则为所得税在中国扎根奠定了基础。

民国时期，受政治不稳、连年战争、经济波动大的影响，所得税的推行遇到了重重困难。再加上天灾不断，给经济雪上加霜。如 1940 年，中国又遭受了严重的农业欠收，后方区域的 15 个省稻谷夏收较往年降低 20%，粮食产量在 1941 年继续下降，"比战前平均降低 9% 至 13%"[④]。粮食产量的突然下降，造成其价格猛涨，加速了通货膨胀。而恶性通货膨胀又导致了所得税征收的"虚盈实税"问题。民族工商业盈利不实，个人收入虚高，还要缴纳重税，为

---

① 胡毓杰：《我国创办所得税之理论与实施》，财政建设学会 1937 年版，第 19 页。

② 国家税务总局：《中华民国工商税收史纲》，中国财政经济出版社 2001 年版，第 42 页。

③ 国家税务总局：《中华民国工商税收史——直接税卷》，中国财政经济出版社 1996 年版，第7 页。

④ 张公权：《中国通货膨胀史》，文史资料出版社 1986 年版，第 17 页。

解决这一问题，所得税法案进行了多次修正，主要在于调整起税点及税率。如 1943 年《所得税法》中规定，将营利事业所得的起征点由原来的所得占资本实额 5% 即行起征改为 10%，5 级全额累进税率调增为 9 级；将薪给报酬的起征点每月 20 元提高到了每月 100 元，10 级超额累进税率调增为 17 级超额累进税率。① 1946 年修改《所得税法》时，比照当时物价，将免税点分别提高了 50 倍至 250 倍。② 1947 年《所得税法》再修正时规定为适应物价的变动，对薪资所得及一时所得税税率，每三个月调整一次。③ 这些调整和修正虽然没有达到预期目的，但也可谓顺应时势之举。

而在民国时期，朝野上下都比较注重吸取世界上的成功经验，在税收制度上尤其重视借鉴外国成功的近现代税制，所得税制的引进即是例证。如宋子文在担任财政部部长期间，主张效法西方近现代税收制度，建立中国税收体系。由于多种因素的制约，中国的近现代税收体系并没有完全构建起来，但税制改革还是取得了很大成就。杨昭智认为"我国分类所得税自民国二十五年创办，迄至今日，八年有余，基础渐立，民亦成习，与英法等国史例，正属相同"。④

8.1.2 高层充分重视，各方持续推动

所得税的正式施行，是伴随着战乱而在艰难复杂的环境当中曲折顽强推进的，体现了国民政府的现代管理理念与法治精神。

所得税开征之初，国民政府的主要创办者吸取以往的失败教训，抓住推行关键，不仅在政府和所得税征收机关内部打好开征的坚实基础，而且注重改善所得税实施的外部环境，在推行过程中特别注重宣传和舆论引导，并亲力亲为，努力减少各种滞碍。同时，提高社会对开征所得税这种良税的关注度，充分发挥新闻媒体和知识、舆论界的正面影响，引导报纸、杂志、广播等新闻媒体纷纷发表支持、宣传和普及所得税的评论和文章，鼓励专家、学者著书立说

---

① 孙文学、齐海鹏、于印辉、杨莹莹：《中国财政史》，东北财经大学出版社 2008 年版，第 406 页。

② 孙羽刚：《中国赋税史》，中国税务出版社 2007 年版，第 288－289 页。

③ 佚名：《我国所得税法之史的演进》，财政部直接税署《直接税通讯》，1948 年第 30 期，第 5 页。

④ 杨昭智：《中国所得税》，商务印书馆 1947 年版，第 101 页。

阐述开征所得税的重要意义与国民的应尽责任，形成所得税开征势在必行、利国利民的良好环境。

由于高层充分重视，与各方一起身体力行大力推动，所得税终于从 20 世纪 30 年代开始在中国扎下了根。

8.1.3　开征先易后难，积极稳步推进

国民政府在所得税正式施行之初，采取了稳步推进的务实做法。所得税 1936 年颁布的《所得税暂行条例》，只对营利事业所得、薪给报酬所得、证券存款所得征税。纳税范围尽量缩小，税率尽量压低，第二类薪给报酬"每月平均不及三十元者""军警官佐、士兵及公务员因公伤亡之恤金""小学教职员之薪给""残疾者劳工及无力生活者之抚恤金、养老金及赡养费"等免纳所得税。制度力求简单易行，以便国民事先接受，待慢慢养成纳税习惯之后，再求改革以完善所得税制。在民众心理上施行"缓着陆"，这是所得税得以成功推行的一个重要原因。

国民政府征收所得税的对象最初针对比较富裕的阶层。尹文敬指出："依一般的见地，对于多量收入者的累进税、所得税、附加税、战时利润税、遗产税、继承税等，是富有阶级的负担。"[①] 他认为在战时，富有阶级还可获得意外利益，受到国家保护要大于一般平民，因此对富有阶级征收的所得税多于其他人是顺应情理的。以上均体现了所得税是一种能力税的特性。从国民政府所得税制中可以看出，所得税的出发点只是对有纳税能力的人课征，不具纳税能力的人无需缴纳，保证人民的正常生活水平。国民政府在推行所得税时没有急功近利，而是稳步推进，逐步对较为成熟的征收对象征收所得税。如当时考虑到农村经济已界破产，在农村中征收了房捐，农民负担十分沉重，因此，没有把农业所得与土地房产所得纳入所得税征收范围。抗战以后，米价飞涨，地主阶级囤积居奇，不劳而获，发国难财的很多，土地兼并盛行，政府应对这部分农业所得及土地兼并所得课税，以示公平。但政府也考虑到实际情况，对农业所得规定了一个比较高的起征点，以使无纳税能力的小农

---

① 尹文敬：《战时财政论》，中央政治学校 1940 年版，第 128 – 129 页，收入邹进文：《民国财政思想史研究》，武汉大学出版社 2008 年版。

得以免纳。1946年《修正税法》，对新开征的综合所得税，规定所得中可免除共同生活的家属或必须扶养的亲属部分扶养费及家属中有在中等以上学校就读学生的学费等，以减轻纳税义务人的负担。[①] 这些措施都体现了所得税制稳中求进的理念。

8.1.4　征管措施得力，配套措施适用

为了实施好所得税，国民政府在税收立法、征收队伍建设和各项配套措施上作了充分准备。所得税正式开征之初，政府十分重视征收机关的设置及纳税程序的有序，以达到规范征管，公平征收，保障财政收入的目的。

1936年颁行的《所得税暂行条例》虽然是一项法规，还不能算严格意义上的所得税法，但立法程序与颁布正式法律无异，而且条文规范、严谨、适用。

所得税制度规定，所得税款委托国家银行或邮政储金汇业局征收。未设以上机构的地区，由该地方三等邮政局以上的邮政机关代收税款，以避免经征与收款为同一机关而导致的贪污腐败问题，加强了税收监督。

在所得税征收队伍建设上，《所得税暂行条例》颁布之前即开始着手。财政部在部内设置了中央直接税筹备处，后改组为所得税事务处，专管所得税征收事项。所得税开征后，各省市所得税办事处也相应成立，具体负责所属区域所得税征收事宜。其后，所得税征收机关随征管状情况的变化进行了多次变动或改组。国民政府还在1940年专门颁行了《财政部直接税处组织法》，其中"第四条，直接税处置三科，分掌本处事务。""第五条，第一科掌下列事项，一、关于所得税及过分利得税税务之设计改进及推行事项。二、关于所得税及过分利得税税务之调查及考核事项。三、关于所得税及过分利得税征免减退案件之审核及处理事项。四、关于所得税及过分利得税所用书表簿册之编订事项。五、关于所得税及过分利得税税务之其他事项。"[②] 等明确了直接税处部门分工与负责所得税的第一科的具体工作事项。

---

① 佚名：《我国所得税法之史的演进》，财政部直接税署《直接税通讯》，1948年第30期，第4页。

② 南京国民政府公布：《财政部直接税处组织法》，中华民国国民政府公报148（渝字第二四三号），1940。

为了加强所得税征收机关建设，在内部设置了相应的部门及严谨的征收程序，要求每个征收机关配备相当素质及数量的税务人员，以发挥出良好的税收行政效率。所得税机构设立之初，就采用公开考试的方式选拔新人才，并委托中央军校对预选人员进行严格训练，合格者才予以试用，培训和试用不合格者即予淘汰。税务人员还应遵守较严格的日常行为规范，以发扬税训税风精神。在所得税认识管理当中，推行考升制，交流制，以激发人员活力，防止徇私舞弊。

在既建立比较完备的税收征管程序的同时，又建立了有利于保障税收征收机关依法执行公务的司法体制，一方面保证税收征管依照法定程序进行，另一方面保证在所得税征收当中遇到难题时可申请司法解决，如纳税义务人拖欠或抗税不交，征收机关可申请法院裁定并由法院强制执行。

8.1.5　保护民众权益，注重税收公平

国民政府所得税制度规定，纳税人进行纳税申报后，由所得税主管征收机关核定税额，纳税人若有异议可请求征收机关实施复查，不服复查决定可申请审查委员会审查决定，对审查决定仍然不服，还可提起行政诉愿或诉讼。比较规范和完备的程序可保证征收机关公平公正执法，便于纳税人维权。而且，1936 年 8 月颁布的《所得税暂行条例施行细则》还规定：征收机关人员对于纳税人的所得额、纳税额及其证明关系文据，应绝对保守秘密，违者经主管长官查实或于受害人告发经查实后，主管长官应予泄密者以撤职或其他惩戒处分，并报请法院法办。这项规定较具体而严格，有利于保护纳税人的权益，甚至比我国现行税制的相关规定还更严密。

民国所得税还比较注重税收公平。在所得税征收之初，对政府所办公营事业所得免税，造成公营与民营事业的负担不公平。后在各界呼吁下，1946 年修正《所得税法》中规定了对政府所办公营事业所得进行征税。国民政府财政部直接税署下令催促各级政府缴纳公营事业所利得税，"查三十六年度营利事业所得税暨特种过分利得税之征课税法规定应包括各级政府所办公营事业在内凡公营之银行邮电交通运输矿场等各项事业应依法申报所得额及利得额以凭课税。各地公营事业多未依法申报，即应分别查催其已办理申报者并应迅照规

定办法查定税额，限期缴纳俾裕库收而利事功（部代电京直一字第二八三〇二号四月一日）"①。国民政府将国营事业所得纳入所得税征收范围，可谓在税收公平上前进了一大步。

8.2 所得税制推行中的教训

8.2.1 正式施行所得税前的教训

第一，推行所得税必须加快经济发展。所得税从清末民初的筹议、民国北京政府的试办、国民政府的筹办，一直到 1936 年正式施行前，可谓经历了艰难曲折的过程，多次试办都以失败告终。除了政治紊乱、军阀混战、民智未开等因素之外，最重要的还是当时经济发展水平低下，不足以提供充足的所得税税源。因此，一个国家要推行好所得税，必须首先发展经济，工商业达到一定实力，否则即使强行推行所得税，也会不尽任意，或名存实亡。

第二，推行所得税必须保持政治稳定，中央政府政令畅通。清朝末年朝廷摇摇欲坠，内忧外患纷至沓来，要推行所得税只能是纸上谈兵。民国北京政府时期，军阀混战激烈，地方割据严重，中央政府的政令难以走出京城，所得税虽然颁行了条例，试办却阻滞重重，最后条例只能是一纸空文。国民政府初期，战争仍然相伴而行，北伐、中原大战、"围剿"与反"围剿"此起彼伏，所得税的筹办也就难有头绪，且难有一块安宁的实施土壤。因此，税制改革的顺利进行，所得税这样的新税普遍实施，必须以政治稳定和政令畅通做保障。

第三，推行所得税必须提高国民素质，加强税法宣传教育。清末民初，由于民众文化程度普遍不高，外国新文化、新制度传播不广，中国很少有人知道现代税制为何物，更不知所得税是世之良税，也就难以接受所得税这个新生事物，大多以为其又是当局玩的横征暴敛新花样，所得税推行的社会阻力巨大。要改变这种状况，本来应该不断提高民众文化知识水平，普及税收教育，使民

---

① 佚名：《各级政府公营事业应课所利得税》，财政部直接税署《直接税通讯》，1947 年第 5 期，第 2 页。

众养成良好的税收观念和税收道德，但在当时做得还远远不够。

第四，推行所得税必须采取相应的配套措施。清末民初开征所得税的理由冠冕堂皇，但主要是出于财政目的，满足政府和军阀们不断膨胀的财力需求，推行方法简单，没有通过采取较为得当的配套措施保证所得税顺利实施。当时法制很不健全，工商业绝大部分采用传统的流水记账方法，税收征收机关和征收人员的状况远不能适应所得税开征的需要，许多方面都制约了所得税的推行。

8.2.2 正式施行所得税后的教训

第一，推行时间仓促，制度修改频繁，不易遵守。《所得税暂行条例》于1936年7月22日由国民政府明令公布，《所得税暂行条例施行细则》于1936年8月22日由行政院令公布后，国民政府于当年9月2日即颁发明令，定于同年10月1日起施行。对于所得税这个颇为复杂的税种来说，推行时间过于仓促，大部分地方甚至连所得税机构都还没有，难以遵照规定的时间开征。所得税实施以后，条例细则的不少规定与实际不符，导致修正不断。而1943年制定《所得税法》时，主要对条例中规定的起征额和税率作了修正，其他内容基本不变，有些需要改进的地方没有修改，其后只有通过国民政府或者财政部训令的方式弥补，而这往往有行政命令改变法律规定之嫌。1946年第一次修正《所得税法》，主要内容作了较大改动，将所得税划分为分类与综合两大部分，分类所得税将财产租赁所得列入，另增一时所得税，大规模修定分类所得税税率，提高起征点。其后以财政部直接税署代电的形式在事实上废止了财产租赁出卖所得税法。1947年第二次修正《所得税法》，对税法结构、征课范围、课税标准、适用税率、征稽方法等方面都做了修正。1949年《所得税法》进行了第三次修正，对税率、课税级次、奖励惩罚等作出修改。加上1947年的一次调整和1948年的一次整理，所得税法律法规在短短的13年时间内作了6次大的改动，即平均每2年变更一次，还有数不清的政令形式变动。所得税法律法规修改频繁，一是给税务部门造成不便，其需不断调整尚待稳固的征收机构及征收程序，税务成本增加，此时更顾及不了税务行政效率；二是给纳税义务人造成不便，纳税范围、税率、规程手续等的不断变动使纳税义务人疲于应对，难以准确掌握税法规定，产生厌税心理，影响了纳税积极性，严重时可能引发欠缴抗税情绪。①

第二，内部思想不统一，区域推行不平衡。国民政府正式推行所得税时，全国基本实现了表面上的政令统一，但在实际上军阀割据仍然严重，战火纷飞，不少地方政府各行其是，中央税收法律法规很难在这些地方较好推行。而所得税法作为中央税，地方从中得到的利益很少，更激发不了地方的积极性，有些地方甚至公然违抗税法和上级指令。甚至在税务机构内部，受到观念、人员素质、敬业精神等各种原因影响，思想也不统一，消极推诿现象频发。种种原因造成了所得税的推行在各个不同区域很不平衡，有些地方甚至到抗战结束后才得以实施。

第三，重复征税，公私有别，显失公平。国民政府所得税存在重复征税现象。对财产租赁出卖所得征税，有一部与土地税、田赋重复征税。1936年银行学会在对《所得税暂行条例》研究后提出意见指出，银行买入的公债证券所得的利息存在重复征税的问题，应免纳所得税。"查银行购买公债，本为放款业务之一，亦为法定投资。今暂行条例第一条第三类及第六条规定公债利息所得应课之税率，为千分之五十；如果此项规定对于个人与银行一律适用，则银行于收公债及证券利息时，既须纳税；而此项利息，在营利所得之总额中，仍复征收，不无重复。且公债为储蓄银行保证准备中所必备，今立法以强其必购，又从而重税之，实失公平之原则。"② 而1936年颁布的《所得税暂行条例》规定，第一类营利事业所得税只对私营企业、官商合办事业征收，未将公营事业所得列入课征范围。立法者认为公营事业赚了钱统归国家，不必对其征税。但营利事业在经营当中有着激烈的竞争性，对部分企业免税，就使另一部分企业处于不平等的竞争地位，限制了这部分企业的发展。当时的公营事业基本都是官僚资本，不对其征税实为中饱了少数权势人物私囊，客观上导致官僚资本畸形发展和繁荣，民营工商业夹缝中求生存，每况愈下，度日艰难。

第四，为搜刮民财苛征滥派，自毁税法。国民政府开征所得税的动力，很

① 胡芳：《民国时期所得税法制研究》，江西财经大学硕士学位论文，2010年。
② 李彬：《所得税纳税便览》，中华书局1937年版，第89页。

大一部分原因是由于所得税是一个看似公平的搜刮民财的极好工具。1936 年，国民政府岁出总额为 18.94 亿元，军务费数额达 5.552 亿元，已占岁出总额的 29.3%。[①] 此时开征所得税，一方面是由于政府财政收入匮乏，另一方面便是企望所得税收入能够成为巨额军费的来源。国民政府在抗战期间历年的财政赤字都达 70% 以上，各年度平均约在 78% 左右。[②] 此时战费支出占到财政支出的 69% 以上，最高年份达到 87%。[③] 1946 年，国民党政府军费支出占预算支出的比重为 43.52%，1947 年为 52%，1948 年上半年为 66.9%。[④] 军费的急剧扩大，是造成高额财政赤字的主要原因。尽管政府在开征所得税时宣称，所得税收入主要是用于教育、实业的完善，但这只不过是个掩人耳目的幌子，所得税事实上主要充当了政府筹集战费的工具。特别是民国后期，国民政府当局为达到榨取民财以维持其统治需要出发，不惜采取强制估缴、摊派等自毁税法的征收办法，严重破坏了所得税的立法宗旨和征收原则。

8.3　完善中国新时代所得税的几点思考

中国正阔步迈进新时代，税收制度的变革也不断加快。习近平总书记指出：“历史是一面镜子，鉴古知今，学史明智。”应充分吸取古今中外税制和税史发展演进当中的经验教训，推进新时代中国所得税进一步改进和完善，充分发挥所得税的各项职能作用，不断促进经济发展和社会和谐。

8.3.1　坚持发展理念，改进所得税制

1. 建立较完善的所得税体系，发挥所得税主体税种作用。

民国时期，由于经济发展水平低下，所得税虽然成为税收体系中的重要税种，而且所得税收入在财政收入中的比重呈逐渐上升趋势，但并没有成为主体税种，货物税性质的税收仍然占据民国税收大宗，导致整个税制很不合理，缺

---

① 国民政府财政部：《财政年鉴》第二篇，商务印书馆 1945 年版，第 174 页。

② 杨荫溥：《民国财政史》，中国财政经济出版社 1985 年版，第 102 页。

③ 尹文敬：《战时财政论》，中央政治学校 1940 年版，第 14 - 15 页。

④ 张公权：《中国通货膨胀史》，文史资料出版社 1986 年版，第 102 - 103 页；收入孙文学、齐海鹏、于印辉、杨莹莹：《中国财政史》，东北财经大学出版社 2008 年版，第 424 页。

乏公平，难以发挥出税收调节经济和社会分配的重要作用。当代中国所得税制度建设的突出问题，是所得税主体地位还未得到确立，这不仅表现在所得税收入在全部税收收入中的比重偏低，更表现在所得税在政府宏观调控中没有充分发挥出应有的作用。从所得税收入情况来看，我国所得税收入占税收收入的比重约为25%，而发达国家所得税收入一般占到税收收入的40%~50%。在所有的政府经济杠杆中，所得税具有"内在稳定器"功能，并且在宏观和微观两个方面都是调节企业利润和个人收入的最佳杠杆。然而，现行的中国税制结构过分注重流转税制度建设，弱化了所得税对经济调控作用的发挥，以至于政府的宏观调控在刺激企业投资、调控经济周期、调节收入分配等方面的作用，由于所得税的"缺位"而大打折扣。① 与流转税制格局和流转税在市场经济中的地位相比，中国所得税目前不仅还没有形成完整的税收体系，而且仍存在诸多问题，个人所得税制度要素需要进一步改进，资本利得税尚不存在征收的时机，社会保障税仍处于征与不征的众说纷纭之中，而且，所得税在税制结构以及国民经济中的地位仍然比较低，尤其是所得税调节收入分配和宏观经济稳定的功能亟须加强。②

我国经过改革开放40年的快速发展，经济总量和质量都有了明显提高，经济规模已跃居世界第二，而且在今后相当长的一段时期内还将保持较快的发展速度，企业和个人所得规模将越来越大。要解决我国当前税收体系中存在的突出问题，必须首先在思想观念上树立建设以所得税制为税收体系主体的目标，积极采取措施提高所得税占财政收入的比重。应尽快建立包括企业所得税、个人所得税、资本利得税和社会保障税在内的较为完整的所得税体系，充分发挥其组织收入、调节经济和社会分配的作用。

民国末期所得税为民众所痛恨，其最大的原因是自毁税法苛敛过度。新时代所得税制应注重减轻税收负担，在确保所得税主体地位的同时，顺应国际潮流，合理进行所得税减税改革。减税改革能够减轻微观纳税人的经济负担，调整政府与纳税人的经济利益关系，也大大缓解国际重复征税矛盾，有利于国际资本的流动，推动各国在经济全球化中实现双赢。20世纪80年代以来，多数

---

① 宋凤轩、谷彦芳：《所得税国际化与中国所得税改革研究》，河北大学出版社2009年版，第3页。

② 宋凤轩、谷彦芳：《所得税国际化与中国所得税改革研究》，河北大学出版社2009年版，第6页。

西方国家接受了新经济自由主义的理论与政策，强调市场机制的作用，采取减税等措施，以抑制通货膨胀，刺激经济增长。[1] 所得税减税改革的实质是给市场留下更多的社会财富，为市场经济主体创造财富和提高效率提供更好的基础。政府对市场干预程度降低了，它们之间的关系进一步理性和规范。在现有减税政策实施的基础上，应进一步加大力度，并兼顾两方面：一方面优化税制结构，提高所得税制弹性，适当下调税率；另一方面需规范税收优惠政策，取消带有地方保护的各种减免税，强化征管，防止税收流失，保证财政收入。[2]

2. 改革个人所得税制。

民国所得税的推行采取了渐进式的方法，所得税先由分类征收开始，再慢慢过渡到分类与综合相结合，所得税的征收范围也逐渐扩大。民国时期的专家学者对所得税的发展前景作了较好的描述："所得税之趋势，则莫不向公平、普遍、平均财富之方向前进。其由分类所得税向综合所得税者，征收总所得也；由课源法趋向申报法，由对物税趋向对人税者，以个人或法人为征收对象，以征收负担能力也；由局部累进趋向全部累进者，平均租税负担，而重征富者轻征贫者，以图贫富之均等也。总而言之，莫不向公平之途迈进。综合所得税固精益求精，在一般累进之外，特别顾虑工资微小之所得，而设优待之办法；而分类所得税及收益的所得税，则更逐渐修改，趋向于综合所得税，而以征收个人或法人负担能力为依归。明乎此，可知所得税将来之动向，而吾国所得税应取改进之途径亦可以思过半矣。"[3] 然而，民国所得税制的实施由于各种原因和条件所限，效果差强人意，教训深刻。在我国当代所得税制中，现行《个人所得税法》是全国人大常委会在进行第五次修订后于 2018 年 8 月 31 日重新颁布的，主要有以下特点：一是按分类与综合相结合征收，将个人取得的各种所得分为 9 类，分别适用不同的费用减除规定、不同的税率和不同的分类与综合计税方法；二是累进税率与比例税率并用，对工资、薪金所得，个体工商户的生产、经营所得，企事业单位的承包经营、租赁经营所得采用累进税

---

① 宋凤轩、谷彦芳：《所得税国际化与中国所得税改革研究》，河北大学出版社 2009 年版，第 51 页。

② 胡芳：《民国时期所得税法制研究》，江西财经大学硕士学位论文，2010 年。

③ 朱偰：《所得税发达史》，中正书局 1947 年 1 月版，第 206 – 207 页。

率，实行量能负担；对劳务报酬、稿酬等其他所得，采用比例税率，实行等比负担；三是费用扣除额较宽，采用费用定额扣除和定率扣除两种方法；四是采取课源制和申报制两种征纳方法，对凡是可以在应税所得的支付环节缴纳个人所得税的，均由扣缴义务人履行代扣代缴义务。对于没有扣缴义务人的，个人在两处以上取得工资、薪金所得的，以及个人所得超过国务院规定数额的，由纳税人自行申报纳税，此外，对其他不便于扣缴税款的，亦规定由纳税人自行申报纳税。实行分类课征制度，可以广泛采用源泉扣缴办法，加强源泉控管，简化纳税手续，方便征纳双方。同时，还可以对不同所得实行不同的征税办法，便于体现国家政策。而对一部分项目实行综合计税，又能弥补完全按分类计税的一些缺陷。进入新时代以后，个人所得税在调节收入分配方面发挥了积极的作用，但是，个人所得税调节居民收入分配和组织财政收入的功能还比较弱，相对于企业所得税制度而言，中国个人所得税制度国家化的水平还比较低，相对于国外个人所得税制度而言，中国个人所得税制度在居民纳税人标准的确定、课税模式的选择、税前扣除体系的设计、征税方式的选择、税率制度的安排、税收指数化措施的实施、税收征管的控制等方面存在诸多问题，尚需进一步完善。①

所得税的发展趋势是由分类与综合相结合的所得税趋于实行综合所得税，由课源法趋于申报法，由对物征税趋于对人征税。② 改革现行所得税制，应充分发挥个人所得税对社会财富的调节作用，扩大超额累进所得税率的适用范围，使个人所得税征收负担更趋合理。我国个人所得税实行 7 级税率，工资薪金所得的最高边际税率为 45%，个体工商户所适用的最高边际税率为 35%。世界上除了高税率、高福利的欧洲国家外，其他各国的最高边际税率均在40% 以下。③ 我国所得税应在结合国情的基础上，试行减税政策，降低所得税税率，减少课税级次，使"有形"与"无形"之手的作用能发挥到最佳状态。④

3. 推进所得税制的国际化。

在所得税制度发展初期，由于各国所得税发展历史不同，所得税所依存的

① 宋凤轩、谷彦芳：《所得税国际化与中国所得税改革研究》，河北大学出版社 2009 年版，第 5 页。
② 朱偰：《所得税发达史》，中正书局 1947 年 1 月版，第 155 页。
③ 曹冶：《个人所得税法的国际比较与借鉴研究》，大连海事大学硕士学位论文，2007 年。
④ 胡芳：《民国时期所得税法制研究》，江西财经大学硕士学位论文，2010 年。

经济社会环境有别，使所得税在不同国家存在较大的差异，如在所得税模式上有的采取综合所得税制，有的采用分类所得税制，还有的采用分类综合相结合的混合所得税制。但是，二战后随着世界经济相互交融、相互影响日益扩大，各国所得税制度也相互影响、相互联系，尤其是发达市场经济国家的所得税制，由于建立时间早，税收制度比较成熟，普遍被世界各国所借鉴，逐渐形成了符合国际惯例的所得税制度。

发达国家的所得税法制度极大地影响着其他国家的所得税法制度，所得税国际化趋势越来越明显。[1] 从世界所得税发展的整体趋势来看，所得税国际化改革的潮流势不可挡，所得税国际化竞争日益加剧，所得税国际协调不断增强。我国应充分吸取发达国家比较完善的所得税制中好的做法，使所得税制更加法制化、规范化、国际惯例化，在维护好本国经济利益和政治利益，促进中国经济的国际竞争力不断增强的同时，促进国际经济发展，实现全球总体经济利益的增长和国际经济合作交往的双赢。同时，所得税国际化是一个过程和发展趋势，我国也不能完全照搬西方所得税制，片面追求所得税制国际化和趋同化。应充分考虑国家宏观经济政策的运用，税制的设置应基于我国经济发展水平、生产方式、产业结构状况，税收制度的改革既要顺应经济全球化的趋势，还要适应国内经济市场化改革的现实需要，即所得税制要走国际化与本土化相结合的发展道路。在所得税国际竞争中，应防止所得税恶性竞争，避免单纯通过所得税减税来吸引国际资本，而应在发展市场经济、完善市场要素和稳定国内政局的基础上，采取适度的、策略的税收竞争措施来吸引国际资本、发展国内经济；在所得税国际协调中，应坚持平等互利的原则，在积极对话与合作中争取国家利益。[2]

8.3.2　致力公平负担，扶植弱势群体

个人所得税的征收对象主要是比较富裕的阶层，谁有负担能力就向其多征税，负担能力低的少征或不征。尹文敬指出："依一般的见地，对于多量收入者的累进税、所得税、附加税、战时利润税、遗产税、继承税等，是富有阶级

---

① 王蕾：《论当代中国个人所得税法演变及其反思》，华东政法大学硕士学位论文，2007 年。

② 宋凤轩、谷彦芳：《所得税国际化与中国所得税改革研究》，河北大学出版社 2009 年版，第 35 – 37 页。

的负担"[1]。他认为富有阶层可获得意外利益，受到国家保护要大于一般平民，因此，对富有阶层征收的所得税多于其他人是顺应情理的，体现了所得税是一种能力税的特性。我国当前实行的个人分类与综合相结合的所得税制，尽管相对原来单一的个人分类所得税制来说得到了一定改进，但仍然难以按照纳税人真正的负担能力征税，特别是对工薪阶层明显不公平，而对富裕阶层来说又太过宽松，且有太多的空子可钻，迫切需要逐渐改进，通过实行更加完善的分类与综合相结合的所得税制，制定合适的征免抵扣范围，加强对富裕阶层收益的制度性和征管手段监控，以较好地实现税收负担的公平。

8.3.3 避免重复征税，消除虚盈实税

重复征税是公平税制中不应该出现的，所得税则是公平税制中的代表。民国时期的所得税有些项目由于重复征税，结果造成社会反响和抵触情绪较大，后来不得不作出修正。我国当代所得税制中也存在重复征税现象，《中华人民共和国个人所得税法实施条例》（2008 年 2 月 18 日国务院第二次修订）中第八条第七款规定了个人所得的范围包括个人拥有债权、股权而取得的利息、股息、红利所得。而 2007 年 3 月 16 日第十届全国人民代表大会第五次会议通过的《中华人民共和国企业所得税法》中第六条规定了企业的收入总额包括股息、红利等权益性投资收益，第十条规定在计算企业应纳税所得额时，向投资者支付的股息、红利等权益性投资收益款项支出不得扣除。从以上内容可以看出，股息、红利等收益既在公司层面缴纳了企业所得税，分配到个人后，还要缴纳个人所得税，同一种收益要重复缴纳两次所得税。避免对股息、红利的重复征税，实现所得税一体化显得十分重要，因为对股息、红利的重复征税有多种弊端：其一，降低投资者的投资热情，影响经济发展；其二，使企业倾向于债务融资而非权益融资，造成企业负债率高，企业一旦亏损或破产，债权人的权利很难得到保障，引发不稳定因素；其三，引导企业向减少或不发放现金红利的方向发展，更加刺激证券交易的投机行为，不利于社会经济的健康发展。[2]

英国、法国、西班牙、澳大利亚、加拿大、日本、韩国等大多数经济合作

---

① 尹文敬：《战时财政论》，中央政治学校 1940 年版，第 128 – 129 页．

② 胡芳：《民国时期所得税法制研究》，江西财经大学硕士学位论文，2010 年。

与发展组织国家都采取部分归集抵免或完全归集抵免办法实现所得税一体化。归集抵免（包括全部归集制和部分归集制）即在股东环节，从其股息所得缴纳的个人所得税额中扣掉公司对该股息已缴纳的全部（全部归集制）或部分（部分归集制）公司所得税额。在完全归集抵免制下，可以完全免除对股息的重复征税。[①] 因此，我国应借鉴国际上发达国家的做法，通过实行完全归集抵免来实现所得税的一体化，消除重复征税现象，实现税负公平。

民国时期，所得税的虚盈实税曾经是通货膨胀中相伴相生的顽疾。我国在经济快速发展过程中，预期通货膨胀也会不可避免地发生，如何减轻或消除通货膨胀给人们带来的虚盈实税问题，是保证所得税公平性的难题。要较好解决所得税虚盈实税问题，非常有必要定期进行税收指数化调整。20 世纪 80 年代，美国、英国、加拿大、瑞典、澳大利亚都采取了不同形式的指数化措施。现阶段的指数化征收按税种分为两类：第一类是企业所得税的指数化征收，主要是调整期初存货成本和调整存货成本。期初存货调整指数 = （本期期末存货指数 - 上年期末存货指数）/上年期末存货指数，允许扣除的存货调整额 = 期初存货调整指数 × 期初存货价值。存货成本调整指存货成本按最后入库的存货成本核算，与该存货现行市场价格的偏差最小，在通货膨胀下造成存货成本低估的程度也最低。第二类是个人所得税的指数化征收，主要进行免税额和税率调整。避免将实际收入没有增加的人划入纳税人行列，可上调免税额；防止通货膨胀使纳税人按照高一级税率纳税，可对税率进行指数化调整。[②] 指数化方法能适用各个税率级次所适用的计税所得范围，还可以在调整税收宽免额、扣除额标准、计征所得税税款时，根据通货膨胀率做一次性的税收减征。[③]

8.3.4　推进信息管税，提高征管水平

税法制定得再好，最终还需要通过税收征管落到实处才能真正出成效。现代信息化技术的应用与拓展，为强化税源管理与优化税收服务提供了可靠的手

---

① 宋凤轩、谷彦芳：《所得税国际化与中国所得税改革研究》，河北大学出版社 2009 年版，第 42 页。

② 宋凤轩、谷彦芳：《所得税国际化与中国所得税改革研究》，河北大学出版社 2009 年版，第 111 页。

③ 胡芳：《民国时期所得税法制研究》，江西财经大学硕士学位论文，2010 年。

段和平台，信息技术在税收管理中的优势日益显现。[①] 影响税收收入的主要因素是税基与税率，即：所得税收入 = 税基×税率。但是在影响税收收入的其他因素中，税收征管因素也是不容忽视的。完整的税收收入计算公式是：所得税收入 = 税基×税率×征收率。如果一国的税收征管落后，征管人员素质参差不齐，税务执法不严，征管技术水平低下，征管效果必定不理想。[②] 因此，需要在所得税法中规定严密的征管程序，税务机关做到有法必依，执法必严，针对所得税征收难点深化信息管税。在我国当代，在所得税制实施过程中最大的难点是纳税人的收入难以全面监控，成本费用列支难以有效控制。由于经济信息不灵，导致民国后期所得税尽管实行了分类综合所得税制，但是征收不到位，特别是综合所得税更是不尽如人意。而我国现行所得税之所以还是实行分类与综合相结合的所得税制，就是由于还不能比较全面地掌握全社会的经济信息，即使是实行了综合所得税制，也多半会流于形式。因此，确保比较全面地掌握纳税人信息，是所得税深入实施的关键。当今社会已经步入信息社会时代，为信息管税提供了条件。我国应当早日实现全社会的信息网络化，早日建成国家经济社会信息平台，并以此为基础，加快金税工程三期建设，建成功能强大的税收管理应用系统和外部信息交换系统，完善个人信用制度，实现对纳税人收入与成本费用等信息的全方位监控，不断提高征管水平和税务行政效率。

8.3.5 深化内部改革，激发队伍活力

当代税务机构应更加重视各方面税务人才的遴选、培养和训练，建立包括政务类公务员和专业技术类公务员两套公务员体系，并根据税务工作的业务需要特别重视专业技术类公务员的选配和作用的发挥。应建立起包括所得税业务人才库等各类各级专业人才库，并给这些人才提供充分的发挥空间。应加紧实施行政执法类公务员制度改革，建立官、职分开制度，根据能力、资历与学历的不同，将执法类公务员分为高级税务官、中级税务官、初级税务官和税务员四个级别，并建立相应的考升制度为低级别税务人员提供晋升渠道；税务机构

---

① 苏厚萍：《信息管税问题研究》，《决策与信息》，2010 年第 13 期。

② 宋凤轩、谷彦芳：《所得税国际化与中国所得税改革研究》，河北大学出版社 2009 年版，第 44 页。

相应的工作职位应有相应的级别资格要求，人员薪酬则主要按照级别来定。这样不仅可激励税务人员提高素质和业务水平，干好工作，只要有一定的能力水平和业绩，就能获得相应的待遇。应着力培养和弘扬新时代税务精神，增强税务人员的敬业意识、进取意识和奉献意识，不断激发税务机关队伍活力，以更好地担负起时代赋予的"为国聚财、为民收税"使命，充分发挥税收在国家治理中的基础性、支柱性、保障性作用，在实现"两个一百年"奋斗目标、实现中华民族伟大复兴中国梦的新征程中发挥更大的作用。

参考文献

（一）研究著作

1. 蔡次薛：《各国战时财政政策》，中央日报社湖南分社 1942 年版。

2. 陈荣、姚林香：《税收理论与税法》，江西人民出版社 1999 年版。

3. 陈绍闻、郭庠林：《中国近代经济简史》，上海人民出版社 1983 年版。

4. 陈英兢：《所得税之理论与实际》，四川长寿新市镇澄园 1933 年版。

5. 崔敬伯：《财税存稿选》，中国财政经济出版社 1987 版。

6. 崔敬伯：《推行所得税的人事问题》，国立北平研究院经济研究会 1937 年版。

7. 杜岩双：《中国所得税纲要》，京华印书馆 1944 年版。

8. 费文星：《中国直接税概要》，世界书局 1947 年版。

9. 高秉坊：《中国直接税史实》，财政部直接税处经济研究室 1943 年版。

10. 高秉坊：《中国直接税史实》，财政部 1943 年版。

11. 葛克昌：《所得税与宪法》，北京大学出版社 2004 年版。

12. 郭卫：《所得税暂行条例释义》，会文堂新记书局 1936 年版。

13. 黄天华：《中国税收制度史》，华东师范大学出版社 2007 年版。

14. 侯厚吉、吴其敬：《中国近代经济思想史稿（第三册）》，黑龙江人民出版社 1984 版。

15. 胡寄窗：《中国近代经济思想史大纲》，中国社会科学出版社 1984 年版。

16. 胡毓杰：《我国创办所得税之理论与实施》，经济书局 1937 年版。

17. 金国宝：《英国所得税论》，商务印书馆 1935 年版。

18. 金鑫等：《中华民国工商税收史》直接税卷，中国财政经济出版社 1996 年版。

19. 金鑫等：《中华民国工商税收史纲》，中国财政经济出版社 2001 年版。

20. 孔庆泰：《国民党政府政治制度档案资料选编》，安徽教育出版社 1994 年版。

21. 李彬：《所得税纳税便览》，中华书局 1937 年版。

22. 李胜良：《税收脉络》，经济科学出版社 2004 年版。

23. 刘振东：《孔庸之先生讲演集》，台湾文海出版社 1972 年版。

24. 刘振东、王启华：《中国所得税问题》，中央政治学校研究部 1941 年版。

25. 李文治、章有义：《中国近代农业史资料》第二辑，生活·读书·新知三联书店 1957 年版。

26. 李炜光：《税收的逻辑》，世界图书出版公司 2011 年版。

27. 罗家伦：《革命文献》第 80 辑《中国国民党历届历次中全会重要决议案汇编（二）》，中国国民党中央委员会党史委员会 1979 年版。

28. 马寅初：《财政学与中国财政》，商务印书馆 1948 年版。

29. 马寅初：《马寅初全集（第 9 卷)》，浙江人民出版社 1999 年版。

30. 马寅初：《财政学与中国财政》，商务印书馆 1948 年版。

31. 潘序伦、李文杰：《所得税原理及实务》，商务印书馆 1937 年版。

32. 全国注册税务师执业资格考试教材编写组：《税法Ⅱ》，中国税务出版社 2010 年版。

33. 岑学吕：《三水梁燕孙先生年谱（上)》，商务印书馆 1939 年版。

34. 宋凤轩、谷彦芳：《所得税国际化与中国所得税改革研究》，河北大学出版社 2009 年版。

35. 宋梅篱：《财税法学》，湖南大学出版社 2003 年版。

36. 孙邦治：《中国所得税会计学》，川康区直接税局经济研究室 1947 年版。

37. 孙翊刚：《中国赋税史》，中国税务出版社 1996 年版。

38. 孙翊刚：《中国财政史》，中国社会科学出版社 2003 年版。

39. 孙文学、齐海鹏、于印辉、杨莹莹：《中国财政史》，东北财经大学出版社 2008 年版。

40. 王成柏、孙文学：《中国赋税思想史》，中国财政经济出版社 1995 年版。

41. 翁礼华：《纵横捭阖——中国财税文化透视》，中国财政经济出版社 2004 年版。

42. 巫宝三：《国民所得概论》，正中书局 1946 年版。

43. 吴广治：《所得税》，中华书局 1936 年版。

44. 吴兆莘：《中国税制史》，商务印书馆 1937 年版。

45. 夏琛鉥：《所得税的历史分析和比较研究》，东北财经大学出版社 2003 年版。

46. 夏国祥：《近代中国税制改革思想研究（1900－1949）》，上海财经大学出版社 2006 年版。

47. 解学智：《所得课税论》，辽宁人民出版社 1992 年版。

48. 辛景文：《所得税暂行条例释义》，辛景文会计事务所 1937 年第 3 版。

49. 徐维城：《商店实用所得税报税须知》，直隶书局 1941 年版。

50. 许善达：《中国税权研究》，中国税务出版社 2003 年版。

51. 杨骥：《现行所得税改进论》，独立出版社 1939 年版。

52. 杨荫溥、王逢壬：《所得税纳税须知》，经济书局 1936 年版。

53. 杨荫溥：《民国财政史》，中国财政经济出版社 1985 年版。

54. 杨昭智：《中国所得税》，商务印书馆 1947 年版。

55. 尹文敬：《财政学》，商务印书馆 1935 年版。

56. 尹文敬：《战时财政论》，中央政治学校 1940 年版。

57. 虞宝棠：《国民政府与民国经济》，华东师范大学出版社 1998 年版。

58. 於鼎丞：《税收研究概论》，暨南大学出版社 2003 年版。

59. 于印辉、杨莹莹：《中国财政史》，东北财经大学出版社 2008 年版。

60. 张保福：《中国所得税论》，正中书局 1947 年版。

61. 张公权：《中国通货膨胀史》，文史资料出版社 1986 年版。

62. 中国人民大学经济系：《中国近代农业经济史》，中国人民大学出版社 1980 年版。

63. 张淼：《中国现行所得税制度》，正中书局 1943 年版。

64. 张志樑：《所得税暂行条例详解》，商务印书馆 1937 年版。

65. 邹进文：《民国财政思想史研究》，武汉大学出版社 2008 年版。

66. 朱偰：《所得税发达史》，正中书局 1947 年版。

67. 祝步唐：《直接税纳税义务人须知，又名纳税不求人》，英华书店 1944 年版。

（二）研究论文

1. 敖汀：《民国时期分税制述评》，《辽宁税务高等专科学校学报》，2008 年第 1 期。

2. 蔡鼎：《关于开征所得税的几点商榷》，《国闻周报》，1936 年第 13 卷第 35 期。

3. 柴建仕：《改革我国所得税制重要问题的商榷》，《财政评论》，1945 年第 13 卷第 6 期。

4. 蔡问寰：《所得税的开徵及其前途》，《时代论坛》，1936 年第 1 卷第 9 期。

5. 蔡志新：《孔祥熙理财思想初探》，《历史教学》，2003 年第 6 期。

6. 曹国卿：《评我国现行所得税制》，《西北学术》，1943 年第 2 期。

7. 陈一鸣：《所得税施行之研究》，《民鸣月刊》，1936 年第 1 卷第 3 期。

8. 崔敬伯：《所得税实施问题》，《国立北平研究院院务汇报》，1936 年第 7 卷第 3 期。

9. 姜又赓：《改进非常时期过分利得税刍议》，《经济汇报》，1940 年第 2 卷第 1-2 期。

10. 来新夏：《北洋军阀对内搜括的几种方式》，《史学月刊》，1957 年第

3 期。

11. 李俊豪:《所得税问题研究》,《民钟季刊》,1936 年第 2 卷第 1 期。

12. 林蔚:《对于征收所得税的商榷》,《国衡半月刊》,1935 年第 1 卷第 3 期。

13. 刘剑、张筱峰:《西方发达国家个人所得税改革的趋势及其对我国的启示》,《财经论丛》,2002 年第 6 期。

14. 刘难方:《论现行综合所得税制》,《财政评论》,1947 年第 16 卷第 3 期。

15. 刘支藩:《论现行所得税制及其查征问题》,《财政评论》,1947 年 17 卷第 2 期。

16. 刘难方:《论现行综合所得税制》,《财政评论》,1947 年第 16 卷第 3 期。

17. 楼宇烈:《试论近代中国资产阶级改良派的哲学思想》,《历史论丛》第一辑,齐鲁书社 1980 年版。

18. 饶立新、曾耀辉:《清末民初引进西洋税制的尝试》,《涉外税务》,2008 年第 8 期。

19. 沈立人:《关于所得税问题之管见》,《会计杂志》,1936 年第 8 卷第 3 期。

20. 叔仁:《施行所得税之我见》,《钱业月报》,1928 年第 8 卷第 6 期。

21. 孙嵩龄:《国民对于所得税之认识》,《青年月刊》,1937 年第 3 卷第 4 期。

22. 唐应晨:《论徵收所得税问题》,《浙江财政月刊》,1936 年第 9 卷第 6 期。

23. 陶爱成:《所得税概观》,《实业季刊》,1936 年第 3 卷第 4 期。

24. 王殿诏:《所得税之理论及我国所得税法之检讨》,《财政研究》,1936 年第 1 卷第 3 期。

25. 王抚洲、崔敬伯:《改进所得税制度拟议》,《大公报》,1948 年 1 月 6 日。

26. 王启华：《所得税逃税问题之研究》，《财政评论》，1941 年第 6 期。

27. 王启华：《各界对现行所得税法意见之评议》，《政治季刊》，1939 年第 3 卷第 1 期。

28. 孝愉：《关于实行所得税的几个问题》，《正论》，1935 年第 26 期。

29. 奚玉书：《论我国综合所得税制》，《公信会计月刊》，1946 年第 9 卷第 5 期。

30. 佚名：《调整工业资本与税制问题》，《经济汇报》，第 6 卷 1942 年第 11 期。

31. 银行学会：《对于所得税研究之结果》，《银行周报》，1936 年第 20 卷第 50 期。

32. 周柏棣：《论我国现阶段之所得税》，《建设研究》，1943 年第 9 卷第 1 期。

33. 周庆仁：《所得税的原理与实际》，《珞珈月刊》，1935 年第 2 卷第 6 期。

34. 朱偰：《抗战进入第四年度财政之展望》，《东方杂志》，1941 年第 38 卷第 8 号。

35. 朱偰：《改进吾国所得税制度刍议》，《东方杂志》，1937 年第 34 卷第 7 号。

（三）文献资料

1. 财政部直接税署：《直接税通讯》，财政部直接税署 1947—1948 年，第 5、7、12、14、21、22、30 期。

2. 财政部江苏区直接税局：《江苏直接税通讯》，财政部江苏区直接税局 1947－1948 年，第 2、3、7、19 期。

3. 财政部税收司所得税处：《新企业所得税法知识问答》，中国财政经济出版社 2007 年版。

4. 《关于所得税暂行条例的令》《关于司法机关所得税暂行条例科罚充奖规则的训令》，江西省高等法院，1936 年、1941 年。

5. 国家税务总局：《中华民国工商税收史纲》，中国财政经济出版社 2001 年版。

6. 国家税务总局：《中华民国工商税收大事记》，中国财政经济出版社 1994 年版。

7. 国民政府财政部：《财政年鉴》，商务印书馆 1935 年版。

8. 国民政府财政部：《财政年鉴》第二篇，商务印书馆 1945 年版。

9. 南京国民政府：《行政法院判决》，中华民国国民政府公报 1947，2715 – 2812，第 2773 号。

10. 南京国民政府：《财政部直接税处组织法》，中华民国国民政府公报 1940，148（渝字第二四三号）。

11. 中华人民共和国个人所得税法实施条例（1994 年 1 月 28 日中华人民共和国国务院令第 142 号发布，根据 2005 年 12 月 19 日《国务院关于修改〈中华人民共和国个人所得税法实施条例〉的决定》第一次修订，根据 2008 年 2 月 18 日《国务院关于修改〈中华人民共和国个人所得税法实施条例〉的决定》第二次修订）。

12.《中华人民共和国企业所得税法实施条例》立法起草小组：《中华人民共和国企业所得税法实施条例释义及适用指南》，中国财政经济出版社 2007 年版。

13. 中国第二历史档案馆：《中华民国史档案资料汇编》第五辑第二编财政经济（一），江苏古籍出版社 1997 年版。

14. 中国第二历史档案馆：《中华民国工商税收史料选编》第四辑（上册），南京大学出版社 1994 年版。

15. 最新中华人民共和国企业所得税法（全文）（2007 年 3 月 16 日第十届全国人民代表大会第五次会议通过）。

（四）诉讼案卷

1.《非常时期过分利得税法及所得税法卷》，江西省高等法院，江西省档案馆档案号：J018 – 3 – 01232。

2.《国泰绸布号违反所利得税法抗告案》，江西省高等法院，江西省档案馆档案号：J18 – 7 – 10511。

3.《韩墨园违反所得税法抗告案》，江西省高等法院，江西省档案馆档案号：J018 – 7 – 12794。

4.《恒有庆酒号违反所得税法案》，江西省高等法院，江西省档案馆档案号：J18 – 7 – 12792。

5.《黄永隆违反所得税法抗告案》，江西省高等法院，江西省档案馆档案号：J18 – 7 – 12793。

6.《惠农米厂欠缴所得税等抗告裁定》，江西省高等法院，江西省档案馆档案号：J018 – 7 – 08595。

7.《江扑玉不缴财产出卖所得税案》，江西省高等法院，江西省档案馆档案号：J018 – 7 – 07806。

8.《久大祥商号违反所得税被告案》，江西省高等法院，江西省档案馆档案号：J018 – 7 – 07523。

9.《久丰米厂欠缴所得税裁定案》，江西省高等法院，江西省档案馆档案号：J018 – 7 – 08594。

10.《李流卿不依限缴纳所利得税上诉案》，江西省高等法院，江西省档案馆档案号：J18 – 7 – 7828。

11.《李兴记不依限缴纳所利得税上诉案》，江西省高等法院，江西省档案馆档案号：J18 – 7 – 7827。

12.《民生火柴厂等违犯所得税法抗告案》，江西省高等法院，江西省档案馆档案号：J018 – 7 – 12770。

13.《南城江苏第一池违反所得税案》，江西省高等法院，江西省档案馆档案号：J18 – 7 – 10519。

14.《乾长厚欠缴所得税刑事裁定》，江西河口地方法院，铅山县档案馆档案号：00072（23）。

15.《生昌福违反所得税案》，江西省高等法院，江西省档案馆档案号：J018 – 7 – 07433。

16.《望江楼欠缴所得税刑事裁定》，江西河口地方法院，铅山县档案馆档案号：00072（27）。

17.《祥森铁工厂欠缴所得税刑事裁定》，江西河口地方法院，铅山县档案馆档案号：00072（18）。

18.《修正所得税法印花税法营业税遗产税法案卷》，江西省高等法院，江西省档案馆档案号：J018 - 3 - 01396。

19.《徐清泉违犯所得税法被告案》，江西省高等法院，江西省档案馆档案号：J018 - 7 - 09570。

20.《喻记理发社违反所得税法案》，江西省高等法院，江西省档案馆档案号：J18 - 7 - 12782。

21.《永春兴不遵限期缴纳所得税利得税抗告案》，江西省高等法院，江西省档案馆档案号：J18 - 7 - 10464。

22.《永泰号违反所得税法案》，江西省高等法院，江西省档案馆档案号：J18 - 2 - 13635。

23.《源昌行违反所得税法抗告案》，江西省高等法院，江西省档案馆档案号：J18 - 7 - 15937。

（五）外文参考文献及外文中译本

1. H. B. Spauding. The Income Tax in Great Britain ang the United Stdtes. London 1927.

2. Regulations 86 Relating to the Income Tax under the Revenue Act of 1934. Washington 1934.

3. R. M. Montgomery. Income Tax Procedure. New York 1926.

4. St. Dowell. A History of Taxation and Taxies in Englind. Longon 1884.

5. ［美］阿瑟恩·杨格（Young Arthur）：《1927～1937 年中国财政经济情况》，陈泽宪，陈霞飞译，中国社会科学出版社 1981 年版。

6. ［日］板入长太郎：《欧美财政思想史》，张淳译，中国财政经济出版社 1987 年版。

7. ［美］杜赞奇（Duara Prasenjit）：《国家政权内卷化：对华北地方财政之研究，1911～1935》，《社会与历史文化比较研究》，1987 年第 29 卷第 1期）。

8. ［美］甘布尔·西尼（Gamble，Sidney）：《新庄：对一个中国村庄财政的研究》，《哈佛亚洲研究杂志》，1944 年第 8 卷第 1 期。

9. ［美］孔飞力（Philip Alden Kuhn）：《民国时期中国的地方税收与财政》，《远东研究文献》，1979 年第 3 期，芝加哥大学。

10. ［德］马克思：《英国的新预算》载《马克思、恩格斯全集》，第 12 卷，人民出版社 1962 年版。

11. ［日］汐见三郎：《各国所得税制度论》，宁柏青译，商务印书馆 1936 年版。

后 记

对于与财税结下不解之缘，又酷爱历史的我来说，当时选择民国时期所得税制作为博士论文的研究方向应该是称心如意的。在写作过程当中，鸡鸣而起，挑灯夜战，深深品尝了治学的艰辛与求索的困苦，那些艰辛与困苦也就似乎变得有滋有味了……在此之后，尽管在博士论文基础上进行了修订和充实，惟悟性所限，难免疏漏与不足，恳请专家学者不吝指正！

在研究过程当中，得到导师龚汝富先生言传身教和悉心指导，不仅使我在经济和财税史研究上有所进益，更让我懂得了许多做人干事的道理和方法。同时，还得到许多学界前辈与专家的悉心指教和帮助，其中有江西财经大学的伍世安教授、王乔教授、蒋经法教授、王小平教授、温锐教授、方宝璋教授、陈富良教授、匡小平教授、廖卫东教授，中国社会科学院的魏明孔教授，中央财经大学的孙翊刚教授，国家税务总局的刘佐研究员，国家税务总局的饶立新博士，等等，在此深表谢意！

最后，感谢我的家人，艰难写作过程中的默默支持与关怀，让我更体会到亲情的温暖和力量，愿亲人们日子越过越好！

曾耀辉谨识于江西财经大学蛟桥园

2019 年 9 月